C. H. Spurgeon
Erwählt vor Grundlegung der Welt

C. H. Spurgeon

Erwählt vor Grundlegung der Welt

Predigten über die Erwählung
und Souveränität Gottes

Bibelzitate wurden, wenn nicht anders angegeben, der Elberfelder Übersetzung entnommen.

7. Auflage 2024

© 2003 der deutschen Übersetzung: Betanien Verlag e.K.
Imkerweg 38 · 32832 Augustdorf
www.betanien.de · info@betanien.de
Übersetzung: Martin Plohmann, Bielefeld
Lektorat und Reime: Hans-Werner Deppe, Oerlinghausen
Umschlagfoto und -gestaltung: Lucian Binder, Marienheide
Satz: Betanien Verlag
Herstellung: Scandinavianbook GmbH, Neustadt a.d. Aisch

ISBN 978-3-935558-64-8

Inhalt

Vorbemerkung 7

Die Souveränität Gottes. 9

Erwählung 25

Wirksame Sühne. 50

Die Unfähigkeit des Menschen 69

Wirksame Berufung. 87

Die Lehren der Gnade verleiten nicht zur Sünde. 103

Nachwort des deutschen Herausgebers 124

Vorbemerkung

Diese Predigten sind eine Auswahl aus einem umfangreicheren englischen Band mit Spurgeon-Predigten über die Souveränität Gottes.* Sie behandeln u.a. die fünf Themenbereiche, die im Calvinismus als »Lehren der Gnade« (auch »fünf Punkte« genannt, siehe Fußnote S. 103) bezeichnet werden. Sie wurden möglichst genau übersetzt, um den kräftigen Predigtcharakter beizubehalten. An wenigen Stellen wurden erklärende Fußnoten eingefügt; ergänzt wurden außerdem die Zwischenüberschriften sowie die Bibelstellenangaben, die hinter einigen Schriftzitaten in Klammern angegeben sind.

---

* *Sermons on Souvereignty*, Pilgrim Publications, Pasadena.

Die Souveränität Gottes

Predigt Nr. 77, Sonntagmorgen, 4. Mai 1856,
in der New Park Street Chapel

»Ist es mir nicht erlaubt, mit dem Meinen zu tun, was ich will?«
Matthäus 20,15

Der Hausherr sagt: »Ist es mir nicht erlaubt, mit dem Meinen zu tun, was ich will?« Die gleiche Frage stellt euch heute Morgen der Gott des Himmels und der Erde: »Ist es mir nicht erlaubt, mit dem Meinen zu tun, was ich will?« Kein Wesensmerkmal Gottes tröstet seine Kinder mehr als die Lehre von seiner Souveränität. Sie glauben unter widrigsten Umständen und in größten Schwierigkeiten, dass seine Souveränität ihre Not verordnet hat, seine Souveränität sie wieder aufrichtet und seine Souveränität sie alle heiligen wird. Die Kinder Gottes sollten für nichts ernstlicher kämpfen als für die Herrschaft ihres Meisters über die ganze Schöpfung, für Gottes Königsherrschaft über alle Werke seiner Hände, für den Thron Gottes und sein Recht, auf diesem Thron zu sitzen.

Auf der anderen Seite gibt es keine Lehre, die bei den Weltmenschen verhasster ist, keine Wahrheit, die sie mehr mit Füßen getreten haben, als die große, herrliche, aber dennoch absolut sichere Lehre von der Souveränität des ewigen Jahwe. Die Menschen gestatten Gott, überall zu sein, nur nicht auf seinem Thron. Sie gestehen ihm zu, sich in seiner Werkstatt aufzuhalten, um Welten und Sterne zu bilden. Sie erlauben ihm, Almosen zu verteilen und freigebig zu sein. Er darf die Erde, ihre Säulen und die Himmelslichter erhalten und die Wellen der gewaltigen Ozeane bewegen, aber wenn Gott seinen Thron besteigt, knirschen seine Geschöpfe mit den Zähnen. Wenn wir einen *thronenden Gott* verkünden und sein Recht, über sein Eigentum und seine Geschöpfe zu verfügen, wie er es für gut befindet, ohne sie vorher zu fragen, dann werden wir ausgebuht und gehasst. Dann stellen sich die Menschen taub, denn einen thronenden Gott lieben sie nicht. Überall schätzen sie ihn mehr, als wenn er auf dem Thron sitzt mit seinem Zepter in der Hand und seiner Krone auf dem Haupt.

Doch wir lieben es, den Gott zu predigen, der auf seinem Thron sitzt. Ihm vertrauen wir. Von ihm haben wir heute Morgen gesungen; und auch jetzt ist vom thronenden Gott die Rede. Ich möchte mich jedoch auf einen einzelnen Aspekt der Souveränität Gottes beschränken: Gottes Souveränität in der Verteilung seiner Gaben. Diesbezüglich glaube ich, dass er das Recht hat, mit seinem Eigentum zu tun, was ihm beliebt, und dass er dieses Recht tatsächlich ausübt.

Bevor wir das Thema weiter behandeln, müssen wir eine Sache als gesichert voraussetzen, und zwar dass alle seine Segnungen Gaben, d. h. Geschenke sind und wir keinerlei Anspruch auf sie durch eigene Verdienste haben. Dem, so meine ich, wird jeder einsichtige Denker zustimmen. Nachdem das klargestellt ist, befleißigen wir uns zu zeigen, dass Gott das Recht hat, mit seinen Gaben zu tun, wie er möchte – sie gänzlich zurückzuhalten; sie an alle zu vergeben; sie an einige zu verteilen und an andere nicht; sie niemandem zu schenken oder allen – gerade so, wie es in seinen Augen gut ist. »Ist es mir nicht erlaubt, mit dem Meinen zu tun, was ich will?«

Wir werden Gottes Gaben in fünf Gruppen einteilen: Als erstes haben wir die *zeitlichen* Gaben; zweitens die *rettenden* Gaben; drittens die *ehrbaren*; viertens die *nützlichen* und fünftens die *tröstenden*. Bezüglich all dieser Gaben sollten wir die Gesinnung haben: »Ist es mir nicht erlaubt, mit dem Meinen zu tun, was ich will?«

1. Die zeitlichen Gaben

Es ist eine unstrittige Tatsache, dass Gott in zeitlicher Hinsicht nicht jedem Menschen das gleiche zukommen lässt. Nicht allen Geschöpfen hat er gleich viel Glück gegeben oder eine gleichwertige Position in der Schöpfung. Darin bestehen Unterschiede. Man beachte allein die persönlichen Unterschiede zwischen Menschen: Der eine ist wie Saul, anderthalb Köpfe größer als der Rest; ein anderer gleicht Zachäus von eher kleinem Wuchs. Der eine hat eine kräftige Muskulatur und sieht gut aus; ein anderer ist schwach und nicht gerade wohlgeformt. Wie viele Menschen gibt es, die sich noch nie am Sonnenlicht erfreut haben, nie Musik hören konnten oder denen das Sprechen verwehrt ist! Wenn du durch die Straßen gehst, triffst du Leute, die dynamischer, gesünder und modischer gekleidet sind als du und andere, die dir in diesen Dingen unterlegen sind. Einige von euch werden aufgrund ihres Äußeren anderen vorgezogen, und manche schneiden vergleichsweise schlecht ab und haben nichts an sich, wessen sie sich im Fleisch rühmen könnten. Warum hat Gott dem einen Schönheit geschenkt und dem anderen nicht? Warum gab er dem einen alle Sinne, einem anderen aber nur ein Teil? Warum hat er einigen ausgeprägte Sinne geben, während andere gezwungen sind, mit einem stumpfen und trägen Körper zu leben?

Die Menschen mögen sagen, was sie wollen, aber es gibt keine andere Antwort außer dieser: »Ja, Vater, denn so war es wohlgefällig vor dir.« Die Jünger fragten den Herrn: »Wer hat gesündigt, dieser oder seine Eltern, dass er blind geboren wurde?« Wir wissen, dass weder die Eltern noch ihr blinder Sohn gesündigt hatten – ebenso wenig wie andere Menschen mit ähnlichen körperlichen Leiden –, sondern Gott hat irdische Segnungen entsprechend seines Wohlgefallens verteilt und der Welt somit gesagt: »Ist es mir nicht erlaubt, mit dem Meinen zu tun, was ich will?«

Man beachte auch die unterschiedliche Verteilung *geistiger Fähigkeiten*. Nicht alle Menschen sind wie Sokrates; es gibt nur wenige Platos; hier und da finden wir jemanden mit der Begabung eines Bacon; nur hin und wieder sprechen wir mit einem Sir Isaac Newton. Manche können mit ihrem herausragenden Intellekt Geheimnisse aufdecken. Sie loten die Tiefe der Meere aus, messen Berge ab, sezieren Sonnenstrahlen und berechnen das Gewicht von Sternen. Andere haben nur einen oberflächlichen Verstand. Man kann sie unterweisen und belehren, und doch wird aus ihnen kein großer Geist. Was nicht vorhanden ist, kann nicht verbessert werden. Sie sind keine Genies, und

man kann sie nicht zu solchen machen. Jeder kann erkennen,
dass es angeborene Unterschiede zwischen den Menschen gibt.
Manche mit geringer Bildung übertreffen andere mit intensiver
Ausbildung. Auch wenn zwei Jungen die gleiche Schule besuchen, vom gleichen Lehrer unterrichtet werden und genauso
eifrig lernen, kann es sein, dass der eine den anderen um Län-
gen übertrifft.

Woher kommt das? Weil Gott seine Souveränität sowohl
über den Intellekt als auch den Körper ausübt. Gott hat uns
nicht alle gleich geschaffen, sondern seine Gaben breit gefä-
chert. Der eine mag so redegewandt sein wie Whitefield; ein
anderer stottert, wenn er drei Worte in seiner Muttersprache
spricht. Worauf basieren diese Unterschiede zwischen den
Menschen? Wir müssen sie auf die Souveränität Gottes zurückführen, der mit seinem Eigentum macht, was er möchte.

Beachtet auch, unter welch unterschiedlichen *Lebensumstän-
den* die Menschen in dieser Welt leben. Immer wieder entdeckt
man große Geister unter denen, die in Sklaverei gekettet sind
und deren Rücken mit Peitschen geschlagen werden: Sie haben
schwarze Hautfarbe, doch ihr Verstand ist dem ihrer brutalen
Herren weit überlegen. Auch in England sind intelligente Leute oft arm und Reiche sind nicht selten dumm oder eingebil-
det. Der eine kommt in diese Welt und wird sofort mit königlichem Purpur bekleidet, ein anderer trägt nie etwas anderes
als bescheidene Bauernkleider. Der eine wohnt in einem Palast und schläft auf einem Daunenkissen, während ein anderer
nichts als einen harten Ruheort findet und keine luxuriösere
Bedachung als das Stroh auf seinem Kotten. Fragen wir nach
den Gründen, ist die Antwort abermals: »Ja, Vater, denn so war
es wohlgefällig vor dir.«

Wenn du durchs Leben gehst, wirst du entdecken, wie sich
Gottes Souveränität noch auf andere Weise zeigt. Dem einen
schenkt Gott ein langes Leben und stete Gesundheit, sodass er
Krankheit kaum kennt, während ein anderer durch die Welt
taumelt und sich fast bei jedem Schritt am Rande des Grabes
befindet. Er stirbt tausend Tode, weil er den einen fürchtet.
Dem einen bleibt wie Mose selbst im hohen Alter unvermin-
derte Sehkraft erhalten; und obwohl sein Haar ergraut ist,

steht er noch so fest auf den Beinen wie ein junger Mann. Wieder fragen wir: Woher kommt der Unterschied? Und die einzige angemessene Antwort lautet: Es liegt an der Souveränität Jahwes.

Wir stellen auch fest, dass manche Menschen in der Blüte ihres Lebens, in der Mitte ihrer Tage, aus dem Leben scheiden müssen, während andere weit über siebzig werden. Der eine stirbt, bevor er die erste Lebensphase erreicht hat, und ein anderer bekommt ein so langes Leben, dass es ihm geradezu zur Last wird. Ich denke, wir müssen all diese Unterschiede im Leben unbedingt auf Gottes Souveränität zurückführen. Er ist Herrscher und König. Sollte er mit seinem Eigentum nicht so verfahren, wie es ihm gefällt?

Bevor wir zum nächsten Punkt kommen, müssen wir diesen noch etwas vertiefen. O du, der du begnadet bist mit einem schönen, wohlgeformten Körper, halte ihn nicht für deinen Verdienst, denn deine Gaben kommen von Gott. Wenn du damit prahlst, wirst du augenblicklich unschön. Die Blumen rühmen sich nicht ihrer Schönheit. Ob du nun einen stattlichen Körperbau hast oder Kraft und Intelligenz – lass dich von Gott erhöhen und denke daran, dass du alles der Souveränität Gottes zu verdanken hast. Er hat es geschaffen und er kann es wieder nehmen. Es ist ein kleiner Schritt von einem großen Intellekt zu einem hilflosen Dummkopf – Genie und Wahnsinn liegen dicht beieinander. Dein Gehirn könnte jederzeit verletzt werden und dann müsstest du das Leben eines Irren fristen. Gib mit deinem Wissen nicht an, denn selbst die kleinste Information hast du von anderen.

Deshalb rate ich dir, dich nicht über Gebühr zu erheben, sondern das, was Gott dir gegeben hat, für ihn einzusetzen. Es sind königliche Gaben, die du nicht beiseite legen solltest. Wenn dir der souveräne Herr ein einziges Talent und nicht mehr geschenkt hat, vergrabe es nicht, sondern mache davon Gebrauch – dann kann es sein, dass er dir noch mehr gibt. Danke Gott, dass du *mehr* besitzt als andere, aber auch *weniger* als manch anderer, denn so liegt weniger Last auf deinen Schultern. Und je geringer deine Last, desto weniger hast du auf dem Weg zum Himmel zu stöhnen. Danke Gott, wenn du weniger besitzt als deine Mitmenschen und erkenne seine Güte sowohl im Zuteilen wie im Verwehren seiner Gaben.

2. Die Gabe der Errettung

Bis hierhin sind die meisten wohl gefolgt, aber wenn wir uns diesem zweiten Punkt zuwenden, werden viele nicht mehr mitkommen, da sie diese Lehre nicht annehmen können. Wenn wir die Wahrheit der göttlichen Souveränität auf die Errettung des Menschen anwenden, stehen einige auf, um ihre armen Mitmenschen zu verteidigen, die, wie sie meinen, durch Gottes Vorherbestimmung benachteiligt werden. Aber ich habe noch nie gehört, dass jemand für den Teufel aufgestanden ist. Doch wenn überhaupt irgendwelche Geschöpfe ein Recht zur Beschwerde hätten, dann wären es *die gefallenen Engel*. Wegen ihrer Sünde wurden sie augenblicklich aus dem Himmel gestoßen, und wir lesen nichts davon, dass sie eine Gnadenbotschaft erhielten. Nachdem sie einmal hinausgestoßen waren, war ihr Schicksal besiegelt. Den Menschen hingegen wurde eine Gnadenfrist gewährt; zu ihnen kam die Botschaft der Erlösung und viele wurden zum ewigen Leben auserwählt.

Wenn man in dem einen Fall Einwand gegen Gottes Souveränität erhebt, warum sollte man es nicht auch im anderen tun? Wir sagen, dass Gott ein Volk aus dem Menschengeschlecht erwählt hat, doch sein Recht dazu wird bestritten. Aber ich frage euch: Warum sollte man nicht gleicherweise anfechten, dass Gott keine gefallenen Engel, sondern Menschen erwählt hat bzw. die Gerechtigkeit dieser Wahl in Frage stellen? Wäre das Heil eine Frage von Recht, hätten die Engel sicherlich ebenso viel Anspruch auf Gnade wie die Menschen. Hatten sie nicht eine mindestens ebenso hohe Stellung? Haben sie etwa größere Sünde begangen? Ich glaube nicht. Adams Sünde war so vorsätzlich und absolut, dass wir uns keine größere Sünde vorstellen können. Könnten gefallene Engel, wenn sie errettet würden, ihrem Schöpfer nicht besser dienen, als wir es jemals können? Hätten wir dies zu entscheiden gehabt, hätten wir die Erlösung wohl den Engeln gewährt, aber nicht den Menschen. Um so bewundernswerter ist Gottes Souveränität und Liebe, in der er durch den Verdienst unseres Herrn Jesus Christus eine Anzahl von Menschen erwählte, während die Engel unberücksichtigt blieben.

Beachtet auch Gottes Souveränität, in welcher er *das Volk Israel erwählte und die Nationen lange im Dunkeln ließ.* Warum wurde Israel unterwiesen und gerettet, während Syrien der Verderbnis im Götzendienst überlassen wurde? Hatte Israel etwa einen reineren Ursprung und einen besseren Charakter als Syrien? Hatten sich die Israeliten nicht tausend Mal fremden Göttern zugewandt und sich Gottes Zorn und Abscheu zugezogen? Warum sollten sie also einen Vorzug vor anderen Völkern erhalten? Warum sollte das Licht des Himmels auf sie herabstrahlen, während alle Nachbarvölker in Dunkelheit blieben und zu Abertausenden in der Hölle versanken? Warum? Die einzige Antwort ist: Gott ist souverän und »wen er will, dessen erbarmt er sich, und wen er will, verhärtet er« (Röm 9,18).

Ebenso gut können wir fragen: *Warum hat Gott gerade uns sein Wort gesandt, während viele Völker immer noch ohne sein Wort sind?* Warum können wir Sonntag für Sonntag in die Gemeinde Gottes gehen und haben das Vorrecht, dem Prediger Christi zuzuhören, während andere Völker dieses Privileg nicht haben? Hätte Gott sein Licht nicht auch in ihre Finsternis scheinen lassen können so wie in unsere? Hätte er nicht, wenn es ihm gefiel, seine Boten so schnell wie das Licht senden können, um sein Evangelium auf der ganzen Erde zu verkünden? Natürlich hätte er dies tun können. Da wir aber wissen, dass er es nicht getan hat, beugen wir uns unterwürfig und gestehen ihm das Recht zu, mit seinem Eigentum so zu handeln, wie es ihm gefällt.

Aber lasst mich diese Lehre noch einmal erklären. Schaut, wie sich Gottes Souveränität darin zeigt, dass *von zwei Menschen, die die gleiche Evangelisation besuchen und dieselbe Wahrheit hören, der eine genommen und der andere zurückgelassen wird.* Wie kommt es, dass hier zwei Schwestern nebeneinander in der gleichen Kirchenbank sitzen und die Predigt doch unterschiedliche Auswirkungen auf sie hat? Sie wurden von der gleichen Mutter gestillt, von den gleichen Menschen erzogen, lagen in derselben Wiege; und jetzt hören sich mit derselben

Aufmerksamkeit den gleichen Prediger. Warum wird die eine gerettet und die andere nicht? Wir sollten uns nicht bemühen, Entschuldigungen für die Unerretteten zu finden, denn wir kennen keine. Doch andererseits sollte es uns fern liegen, Gottes Herrlichkeit zu schmälern. Wir glauben, dass Gott den Unterschied macht – dass die errettete Schwester nicht sich selber Dank schuldet, sondern ihrem Gott.

Stellen wir uns zwei Männer vor, die dem Alkohol ergeben sind. Den einen trifft das Wort Gottes, während der andere unberührt bleibt, obwohl beide in gleicher Verfassung sind und die gleiche Erziehung bekommen haben. Was ist der Grund? Vielleicht antwortest du: Weil der eine das Evangelium annimmt und der andere es ablehnt. Aber müssen wir nicht noch weiter gehen und fragen, wer den einen das Evangelium annehmen und den anderen es ablehnen ließ? Erdreistet euch nicht zu sagen, der Mensch selbst mache den Unterschied. Ihr müsst in euerm Herzen zugeben, dass diese Macht allein Gott gehört. Aber die Gegner dieser Lehre empören sich dennoch über uns. Sie fragen: Wie kann Gott einen solchen Unterschied zwischen seinen Familienmitgliedern machen und doch gerecht sein?

Nehmen wir an, ein Vater hat mehrere Kinder, aber all seine Gunst schenkt er nur einem davon und vernachlässigt die anderen. Müssen wir nicht sagen, dass er ein sehr liebloser und grausamer Vater ist? Ich antworte: Ja. Doch die Situationen sind nicht miteinander vergleichbar. Mit dir handelt kein *Vater*, sondern ein *Richter*. Du sagst, alle Menschen seien Kinder Gottes, aber ich fordere dich heraus, den Beweis dafür zu erbringen. In meiner Bibel finde ich das nicht. Ich wage nicht, »unser Vater, der du bist im Himmel«, zu sagen, ehe ich wiedergeboren bin. Ich kann mich nicht über Gott als meinen Vater freuen, so lange ich nicht weiß, dass ich mit ihm vereint und ein Miterbe Christi bin.

Als Unwiedergeborener habe ich kein Recht, Gott meinen Vater zu nennen. Dann ist dein Verhältnis nicht das eines Kindes zu seinem Vater – denn ein Kind hat ein Anrecht auf seinen Vater. Das Verhältnis gleicht vielmehr dem zwischen König und Untertan. Doch ist es nicht einmal so eng, denn ein Untertan kann seine Ansprüche gegenüber dem König geltend machen. Ein Geschöpf – ein sündiges Geschöpf – hat keinerlei Ansprüche gegenüber Gott; ansonsten würde die Errettung aus Werken sein und nicht aus Gnade. Wenn Menschen ihr Heil verdienen könnten, bestünde ihre Rettung einfach im Bezahlen einer Schuld, und Gott gäbe ihnen dabei nicht mehr, als ihnen zustünde. Doch wir behaupten, dass Gnade einen Unterschied machen muss, um überhaupt Gnade zu sein.

Aber manche sagen, es stünde geschrieben, dass »*er einem jeden ein Maß der Gnade zum Nutzen gegeben hat.*« Du kannst dieses Zitat, das mir so häufig vorgehalten wird, gerne wiederholen, doch muss ich dich enttäuschen: Es ist kein Bibelzitat – es sei denn aus der arminianischen Ausgabe. Die einzige Bibelstelle, die dieser Aussage ähnelt, bezieht sich auf die Geistesgaben der Heiligen – und nur der Heiligen (1Kor 12,7). Doch nehmen wir an, du hast Recht, dass jedem Menschen ein Maß Gnade zum Nutzen gegeben ist, und dennoch hat Gott einigen eine besondere Gnade zukommen lassen, um diesen Nutzen zu bewirken. Denn was meinst du mit »Gnade zum Nutzen«? Ich kann verstehen, dass ein Mensch sich bessert, wenn Gnade auf ihn angewendet wird, aber dass Gnade von einem Menschen genutzt und angewendet wird, kann ich nicht begreifen. Nicht *ich* kann Gnade anwenden, sondern die *Gnade* wird auf mich angewendet. Aber die Leute reden manchmal von Gnade, als sei sie etwas, das sie anwenden könnten – und nicht eine Kraft, die Macht auf sie anwendet. Gnade ist nicht etwas, was ich zum Besten nutze, sondern etwas, was aus mir das Beste macht. Sollen die Menschen so viel sie wollen über universale Gnade reden – das ist alles Unsinn, so etwas gibt es nicht und kann es auch nicht geben. Sie mögen zurecht von universalen Segnungen sprechen, denn wir sehen, dass Gott seine natürliche Gaben mehr oder weniger universal ausgeteilt hat, und der Mensch mag sie annehmen oder ablehnen.

Doch mit der Gnade ist es anders. Der Mensch kann nicht die Gnade Gottes nehmen und anwenden, um sich selbst aus der Finsternis ins Licht zu versetzen. Das Licht kommt nicht zur Finsternis und sagt: »Wende mich an!« Sondern das Licht kommt und vertreibt die Finsternis. Das Leben kommt nicht zum Toten und sagt: »Wende mich an!«, und er wird wieder le-

bendig. Nein, das Leben kommt mit seiner eigenen Macht und
erweckt den Toten. Die geistliche Kraft tritt nicht an die ver-
dorrten Gebeine heran und sagt: »Wendet diese Kraft an um-
kleidet euch mit Fleisch!«, vielmehr kommt sie und bekleidet
das Totengebein mit Fleisch, und das Werk ist vollbracht. Die
Gnade ist es, die kommt und ihre Kraft auf uns anwendet.

Allen von euch, die gegen diese Lehre die Zähne knirschen,
sage ich, dass ihr eine erbitterte Feindschaft gegen Gott in euren Herzen hegt, ob bewusst oder unbewusst. Denn solange
ihr diese Lehre nicht erkennt, gibt es etwas, was ihr noch nicht
entdeckt habt. Daher sträubt ihr euch gegen den Gedanken an
einen absoluten, ungebundenen, unumschränkten, unveränderlichen Gott, der den freien Willen hat, welchen du so gerne
seinen gefallenen Geschöpfen zuschreiben möchtest. Ich bin
überzeugt, dass wir an der Souveränität Gottes festhalten müssen, um ein gesundes geistliches Verständnis zu bewahren.
»Beim Herrn allein ist Rettung.« Gib seinem heiligen Namen
alle Ehre, denn ihm allein gebührt sie.

3. Die ehrbaren Gaben

Wir kommen nun zu den Unterschieden, die Gott oft bei den
ehrbaren Gaben in seiner Gemeinde macht. Es bestehen Unterschiede zwischen den Kindern Gottes – wenn sie denn Kinder
Gottes sind. Der eine hat die ehrbare Gabe der *Erkenntnis*, während ein anderer nur wenig weiß. Hin und wieder treffe ich
einen lieben Bruder, mit dem ich mich einen Monat lang unterhalten und täglich etwas von ihm lernen könnte. Er hat weitrei-
chende Erfahrungen gemacht und tiefe geistliche Erkenntnisse
gesammelt. Sein ganzes Leben ist ein fortwährendes Studium,
wo immer er auch ist. Er scheint viele Gedanken gesammelt zu
haben, nicht nur aus Büchern, sondern auch von Menschen,
von Gott und aus seinem eigenen Herzen. Er kennt all die
Schwierigkeiten und Windungen des christlichen Lebens: Er
versteht die Breite, Länge, Höhe und Tiefe der Liebe Christi,
die alle Erkenntnis übersteigt. Er hat eine gute Vorstellung er-
worben, kennt die Gnade zutiefst und kann das Handeln des
Herrn mit seinem Volk erklären.

Dann begegnet man einem anderen, der viele Schwierigkeiten durchmachen musste, aber keine tiefen Erfahrungen des
christlichen Lebens hat. In all seinen Problemen hat er nicht ein
einziges Geheimnis erfahren. Er stolperte nur von der einen
Schwierigkeit in die nächste, hielt aber nie inne, um eine der
Kostbarkeiten aufzuheben, die im Schmutz lagen. Nie unter-
nahm er den Versuch, die kostbaren Edelsteine zu entdecken,
die in seinem Leid verborgen waren. Von der Höhe und Tiefe
der Liebe des Heilands weiß er kaum mehr als ein Kind. Mit
einem solchen Menschen kannst du dich so lange unterhalten,
wie du willst, aber du wirst nichts von ihm empfangen. Wenn
du nach dem Grund fragst, antworte ich dir, dass der souveräne
Gott dem einen Erkenntnis gibt und dem anderen nicht.

Einst ging ich mit einem betagten Christen spazieren, der
mir sagte, wie nützlich ihm mein Dienst sei. Nichts macht
mich demütiger als der Gedanke, dass ein alter Mann von
einem geistlichen Kleinkind wie mir Erfahrungen in den Dingen Gottes empfängt und in den Wegen des Herrn unterwiesen wird. Aber ich gehe davon aus, dass auch ich einst als alter
Mann – sofern ich dieses Alter erreiche –, von einem geistlichen
Kleinkind belehrt werde. Manchmal schließt Gott den Mund
des alten Mannes und öffnet den des Kindes. Warum sollte ich
ein Lehrer von Hunderten von Menschen sein, die in gewisser
Hinsicht viel fähiger wären, mich zu belehren? Der einzig auf-
findbare Grund ist die Souveränität Gottes. Vor ihr müssen wir
uns beugen, denn hat Gott nicht das Recht, mit seinem Eigentum zu machen, was ihm gefällt? Anstatt die zu beneiden, die
die Gabe der Erkenntnis haben, sollten wir danach trachten,
wenn möglich, dasselbe zu erlangen. Statt herumzusitzen und
unsere Erkenntnislosigkeit zu beklagen, sollten wir uns daran
erinnern, dass weder der Fuß zum Kopf noch der Kopf zum Fuß
sagen kann: »Ich brauche dich nicht.« Denn Gott hat uns Ta-
lente nach seinem Wohlgefallen zugeteilt.

Wenn wir von ehrbaren Gaben sprechen, ist nicht nur Erkenntnis gemeint, auch *Dienste* gehören dazu. Es gibt nichts Eh-
renwerteres für einen Mann als der Dienst eines Predigers oder
Diakons. Wir ehren unseren Dienst, obgleich wir uns nicht selbst
ehren würden. Wir halten dafür, dass einen Menschen nichts

mehr ehrt, als die Berufung zu einem Dienst in einer christlichen
Gemeinde. Ich möchte lieber Diakon in einer Gemeinde sein als
Oberbürgermeister von London. Ein Diener Christi zu sein, ist
in meinen Augen eine ungleich höhere Ehre, als die Welt je bieten kann. Meine Kanzel ist für mich attraktiver als ein Thron,
und meine Gemeinde ist ein Reich, dessen Größe mehr als genug
ist – ein Reich, vor dem der Ewigkeitswert der Reiche dieser Welt
zu Nichts zusammenschrumpft. Warum beruft Gottes Heiliger
Geist einen Mann zum Prediger und einen anderen nicht? Vielleicht gibt es einen fähigeren Mann, aber wir wagen es nicht,
ihm die Kanzel anzuvertrauen, weil er nicht dazu berufen ist.
Genauso ist es mit der Berufung zum Diakon; nicht der Mann,
den einige für den geeignetsten für diesen Dienst halten würden, wird ausgewählt, sondern ein anderer. Gottes Souveränität
zeigt sich bei der Berufung zum Dienst – bei Davids Thronbe-
steigung, bei Moses Ernennung zum Führer der Israeliten in der
Wüste, bei Daniels Einsetzung in ein hohes Amt unter Nebuka-
dnezar, bei der Erwählung des Paulus zum Gesandten der Nationen und des Petrus zum Apostel der Beschneidung. Wenn du
nicht die Gabe zu einem ehrbaren Dienst hast, solltest du die
große Wahrheit in der Frage des Meisters begreifen: »Ist es mir
nicht erlaubt, mit dem Meinen zu tun, was ich will?«

Es gibt noch die ehrbare Gabe des *Redens*. Redegewandt-
heit hat mehr Macht über die Menschen als alles andere. Um
Macht über die Massen zu bekommen, muss man versuchen,
ihre Herzen zu erreichen und ihre Ohren zu fesseln. Manche
sind randvoll mit Erkenntnis angefüllt, aber ihnen fehlt die Fähigkeit, sie der Welt zu vermitteln. Sie haben große Gelehrsam-
keit, sind aber nicht imstande, sie sprachlich umzusetzen. Sie
können auserlesene Blumen pflücken, wissen aber nicht, wie
sie diese zu einem schönen Strauß binden sollen, um sie dem
Blumenliebhaber zu präsentieren. Wie kommt das? Wiederum
müssen wir auf Gottes Souveränität verweisen, die sich in der
Zuteilung der Gaben zeigt. Als Christ solltest du die Ehre für
deine Gaben dem Heiland zu Füßen legen, und wenn du dich
nicht hast, so lerne nicht zu murren. Bedenke, dass es Gottes
Güte ist, sowohl beim Zuteilen als auch beim Zurückhalten
seiner Gunst. Wenn Gott jemanden unter euch erhöht, sollte

er sich nicht aufplustern; ist jemand niedrig, so verachtet ihn nicht – den Gott gibt jedem Gefäß sein Maß an Gnade. Dient ihm mit eurem Maß, und betet den König des Himmels an, der nach seinem Wohlgefallen handelt.

4. Die Gabe der Nützlichkeit

Oft habe ich Brüdern zu Unrecht vorgehalten, nicht nützlich zu sein. Ich habe ihnen gesagt, sie könnten ebenso brauchbar sein wie ich, wären sie nur ernsthaft genug. Doch mit Sicherheit gibt es andere, die noch ernsthafter und wirkungsvoller sind; andere arbeiten genauso beständig, erzielen aber bei weitem nicht die gleiche Wirkung. Deshalb muss ich meinen Vorwurf zurücknehmen und stattdessen behaupten, dass die Gabe der Nützlichkeit auf der Souveränität Gottes beruht. Nützlichkeit ist nicht vom Menschen abhängig, sondern von Gott, der ihn brauchbar macht. Wir mögen mit all unserer Macht arbeiten, doch allein Gott kann uns nützlich machen. Wir können uns in dicke Kleider und Mäntel hüllen, wenn der Wind bläst, aber wir können keinen Wind erzeugen.

Gottes Souveränität ist auch erkennbar in der Vielfalt der Dienstgaben. Du gehst zu dem einen Prediger und erhältst eine Menge guter geistlicher Nahrung, aber ein anderer hat nicht einmal genug, um eine Maus zu ernähren. Er hat viel zu tadeln, aber keine Nahrung für Kinder Gottes. Ein weiterer kann ein Kind Gottes trösten, aber keinen rückfälligen Christen ermahnen. Er hat nicht die Kraft, ihn ernst zurechtzuweisen, wie es bisweilen notwendig ist. Warum? Aufgrund von Gottes Souveränität. Der eine kann einen Vorschlaghammer schwingen, ist aber nicht imstande, ein gebrochenes Herz zu heilen. Versuchte er es, würde man an einen Elefanten beim Einfädeln einer Nadel erinnert. Ein solcher Mann kann zurechtweisen, aber kein Öl und Wein auf ein verletztes Gewissen anwenden. Warum? Weil Gott ihm diese Gabe nicht geschenkt hat.

Da ist einer, der immer anschaulich über Erfahrungen mit Gott predigt und nur sehr selten auf die Lehre zu sprechen kommt. Ein anderer geht ganz in der Lehre auf und spricht kaum über den gekreuzigten Christus. Warum? Gott hat nicht jedem die Gabe geschenkt, über die christliche Lehre zu reden. Ein dritter spricht permanent von Jesus, und viele sagen, dass er zu wenig die Tiefen der menschlichen Verderbtheit ausleuchte, die dem Kind Gottes zu schaffen macht. Aber wir geben ihm dafür nicht die Schuld. Du wirst bemerken, dass aus ein und demselben Menschen manchmal Ströme lebendigen Wassers fließen und er ein andermal völlig ausgetrocknet scheint. Den einen Sonntag erfrischt dich die Predigt in der Gemeinde und am nächsten gehst du nahezu leer nach Hause. Das hat alles mit Gottes Souveränität zu tun, und wir müssen lernen, sie zu erkennen und zu rühmen.

In der letzten Woche habe ich zu einer großen Menschenmenge gepredigt und zwischenzeitlich waren die Zuhörer sehr berührt. Ich hatte den Eindruck, Gottes Macht war da. Jemand schrie auf, als er von Gottes Zorn auf die Sünde hörte. Zu einem anderen Zeitpunkt hätten die gleichen Worte vielleicht keine Wirkung erzielt, auch wenn der Prediger dasselbe Herzensanliegen gehabt hätte. In all diesen Beispielen können wir Gottes Souveränität sehen. In allem sollten wir Gottes Hand erkennen. Doch glaube ich, dass die heutige Generation die gottloseste ist, die je über die Erde ging. Zur Zeit unserer Väter wurden Regenschauer noch Gott zugeschrieben; sie beteten für Regen, für Sonnenschein und für eine gute Ernte, ebenso wenn ein Heuhaufen Feuer gefangen hatte oder Hungersnot das Land verwüstete. Unsere Vorväter sagten, der Herr habe es getan. Doch heute versuchen unsere Philosophen alles zu erklären: Alle Phänomene führen sie auf sekundäre Ursachen zurück. Aber Brüder, lasst uns Ursprung und Führung aller Dinge dem Herrn zuschreiben – dem Herrn allein.

5. Die tröstenden Gaben

O, welch trostreicher Gaben erfreuen sich manche von uns bei den Zusammenkünften im Haus Gottes und bei einem nützlichen Verkündigungsdienst! Doch wie vielen Gemeinden fehlen solche Zusammenkünfte. Warum uns nicht? Weil Gott einen Unterschied gemacht hat. Einige hier haben einen starken Glauben und können über unmögliche Dinge lachen. Egal bei welchem Wetter, ob Sturm oder Sonnenschein, haben wir ein Lied auf den Lippen. Doch da ist ein anderer mit einem kleinen Glauben, der in der Gefahr steht, über jeden Strohhalm zu stolpern. Außerordentlichen Glauben führen wir ganz auf Gott zurück. Der eine wird mit einem melancholischen Gemüt geboren und sieht selbst bei Windstille, wie sich ein Sturm zusammenbraut; ein anderer hingegen hat ein fröhliches Temperament und erblickt auch beim trübsten Himmel einen Silberstreifen am Horizont. Wie lässt sich das erklären? Diese Gaben kommen von Gott.

Zudem können wir beobachten, wie unterschiedlich es uns bisweilen geht. Manchmal fühlen wir uns dem Himmel besonders nah und dürfen hinter den Vorhang blicken. Doch schon im nächsten Moment sind diese Freuden verschwunden. Aber klagen wir darüber? Ist ihm nicht erlaubt, mit seinem Eigentum zu machen, was ihm gefällt? Darf er nicht zurücknehmen, was er gegeben hat? Unsere Tröstungen gehörten ihm, bevor wir sie bekamen.

Und nähmest du sie ganz zurück
ließ ich das Klagen sein.
Eh' du sie gabst zu meinem Glück
da waren sie ganz dein.

Es gäbe keine Freude im Geist, keine Hoffnung auf den Himmel, keinen starken Glauben, kein brennendes Verlangen, keine enge Gemeinschaft mit Christus, hätte Gott uns diese nicht geschenkt. Wenn ich mich im Dunkeln befinde und Enttäuschungen hinnehmen muss, schaue ich nach oben und sage: »Er gibt Lobgesänge in der Nacht« (Hiob 35,10). Und wenn ich mich freue, sage ich, mein Fels ist festgegründet für immer. Der Herr ist souverän, deshalb liege ich zu seinen Füßen, und wenn ich sterbe, sterbe ich dort.

Fazit

Doch hoffe ich bei Gott, Brüder, dass die Lehre von der Souveränität Gottes euch nicht träge dasitzen lässt, sondern euch

vielmehr demütig macht und sagen lässt: »Selbst der geringsten deiner Gnadenerweise bin ich unwürdig. Ich weiß, du hast
ein Recht, mit mir zu tun, wie es dir beliebt. Zertrittst du einen
hilflosen Wurm, wirst du nicht verunehrt. Ich habe kein Recht,
dich um Erbarmen zu bitten, nur, dass ich deine Gnade möchte.
Herr, wenn du willst, so kannst du mir vergeben, und du hast nie jemandem Gnade erwiesen, der sehnlicher nach ihr ver-
langte. Weil ich leer bin, fülle mich mit dem Brot des Himmels;
weil ich nackt bin, bekleide mich mit deinem Gewand; weil ich
tot bin, gib mir Leben.«

Wenn du diese Bitte von ganzem Herzen und mit ganzer
Seele vorbringst, wird der Herr – obgleich er souverän ist –
sein Zepter ausstrecken und dich retten, und du wirst leben,
um ihn in seiner Heiligkeit zu verehren und seine souveräne
Gnade zu lieben und anzubeten. Die Schrift sagt: »Wer gläubig
geworden und getauft worden ist, wird errettet werden; wer
aber ungläubig ist, wird verdammt werden« (Mk 16,16). Wer allein an Christus glaubt und im Namen des Vaters, des Sohnes
und des Heiligen Geistes getauft wird, wird errettet, war aber
Christus ablehnt und nicht an ihn glaubt, wird verdammt. Das
ist die souveräne Verfügung und Verkündigung des Himmels.
Beuge dich ihr, anerkenne sie und gehorche ihr, so wird Gott
dich segnen.

Erwählung

Predigt Nr. 41/42 vom Sonntagmorgen, 2. September 1855,
in der New Park Street Chapel

Wir aber müssen Gott allezeit für euch danken, vom Herrn geliebte Brüder, dass Gott euch von Anfang an erwählt hat zur Rettung in Heiligung des Geistes und im Glauben an die Wahrheit, wozu er euch auch berufen hat durch unser Evangelium, zur Erlangung der Herrlichkeit unseres Herrn Jesus Christus.

2. Thessalonicher 2,13-14

Wenn es keinen anderen Text in der heiligen Schrift außer diesen gäbe, so denke ich, käme niemand von uns darum herum, die Wahrheit der großen und herrlichen Lehre anzuerkennen, dass die Familie Gottes von Urzeiten her erwählt ist. Doch scheint es im menschlichen Verstand ein unausrottbares Vorurteil gegen diese Lehre zu geben. Obwohl die bekennenden Christen die meisten anderen Lehren annehmen – manche werden vorsichtig und andere freudig akzeptiert –, so scheint die Lehre von der Erwählung am häufigsten missachtet und verworfen zu werfen.

Auf vielen unserer Kanzeln wäre es eine große Sünde und Verrat, über Erwählung zu predigen, weil der Prediger keine praktischen Anwendungen machen könnte. Ich glaube, dass man dort von der Wahrheit abgeirrt ist. Was auch immer Gott offenbart hat, das hat er aus einem bestimmten Grund offenbart. Es gibt nichts in der Heiligen Schrift, woraus nicht durch den Geist Gottes eine praktische Anwendung gemacht werden könnte: Denn alle Schrift ist von Gott eingegeben und nützlich für geistliche Zwecke.

Zwar stimmt es, dass man aus einer solchen Predigt keinen Diskurs über den freien Willen machen kann. Das wissen wir sehr wohl, aber sie kann zu einem Diskurs über die *freie Gnade* gemacht werden. Und Predigten über die freie Gnade sind am praktischsten, wenn die wahren Lehren von der unveränderlichen Liebe Gottes so gepredigt werden, dass sie in die Herzen von Heiligen und Sündern treffen.

Ich hoffe nun, dass heute manche von euch, die allein schon beim Hören des Wortes Erwählung erschreckt sind, sagen: »Nun, ich will ihm doch einfach fair zuhören. Ich lege meine Vorurteile beiseite und höre mir einfach an, was dieser Mann zu sagen hat.« Verschließe nicht deine Ohren und sage: »Das ist hochgestochene Lehre.« Wer gibt dir das Recht, sie hoch oder niedrig zu nennen? Warum solltest du etwas gegen die Lehre Gottes haben? Bedenke, was mit den Kindern geschah, die sich an Elisa, dem Propheten Gottes, schuldig machten und sagten: Kahlkopf, komm herauf! Kahlkopf, komm herauf! (2Kö 2,23). Sage nichts gegen die Lehren Gottes, damit nicht plötzlich, wie bei diesen Kindern, wilde Tiere aus dem Wald herauskommen und auch dich verschlingen. Es gibt noch andere Schrecknisse außer dem direkten Gericht vom Himmel. Habe Acht, dass diese nicht auf dich herabkommen. Lege deine Vorurteile ab und höre ruhig und sachlich zu. Höre, was die Heilige Schrift sagt, und wenn du die Wahrheit verstehst, ja, wenn es Gott gefällt, sie deiner Seele zu offenbaren, dann schäme dich nicht, dich dazu zu bekennen. Wenn du bekennst, dich gestern geirrt zu haben, so bekennst du damit nur, dass du heute ein wenig weiser bist. Das ist eine Ehre für deine Urteilskraft und zeigt, dass du in der Erkenntnis der Wahrheit voranschreitest. Schäme dich nicht zu lernen und deine bisherigen Lehren und Ansichten abzulegen, um das anzunehmen, was du nun deutlich im Wort Gottes erkannt hast.

Wenn du aber das, was ich behaupte oder durch andere Quellen belege, nicht in der Bibel findest, so flehe ich dich an, lehne es ab, so wahr du deine Seele liebst. Wenn du von dieser Kanzel irgendetwas hörst, was der Heiligen Schrift widerspricht, vergiss nicht, dass die Bibel den Vorrang hat und Gottes Diener sich ihr unterordnen müssen. Wir dürfen nicht auf der Bibel stehen und predigen, sondern wir müssen mit der Bibel über unserem Kopf predigen. Nach all unserem Predigen sind wir uns sehr wohl bewusst, dass der Gipfel der Wahrheit höher ist, als unser Auge es ausmachen könnte. Die Spitze des Berges ist von Wolken und Dunkelheit umgeben, sodass wir den Gipfel nicht erkennen können. Dennoch versuchen wir so gut wie wir eben können darüber zu predigen. Da wir aber sterblich und fehlbar sind, übe deine Urteilskraft. Prüfe die Geister, ob sie aus Gott sind. Solltest du nach einer reifen Reflektion auf gebeugten Knien zu dem Schluss kommen, die Lehre von der Erwählung abzulehnen – was ich für gänzlich unmöglich halte –, dann lehne sie ab. Dann höre solchen Predigten nicht zu, sondern glaube und bezeuge das, was du dem Wort Gottes entnimmst. Mehr kann ich als Einleitung nicht sagen.

Wir werden uns nun mit folgenden Punkten befassen: Erstens werde ich ein wenig zur *Wahrheit* dieser Lehre sagen: »... dass Gott euch von Anfang an erwählt hat zur Rettung.« Zweitens werde ich zu beweisen versuchen, dass diese Erwählung *bedingungslos* ist: »... dass Gott euch erwählt hat«, nicht *für die* Heiligung, sondern »*in* Heiligung des Geistes und im Glauben an die Wahrheit.« Drittens ist die Erwählung *ewig*, weil der Vers sagt, »dass Gott euch *von Anfang an* zur Rettung erwählt hat.« Viertens ist die Erwählung *persönlich*: »... dass Gott *euch* von Anfang an zur Rettung erwählt hat.« Fünftens schauen wir uns die *Auswirkungen* dieser Lehre an, um zu sehen, was sie bewirkt. Sechstens werden wir, wenn Gott uns befähigt, die *Neigungen* dieser Lehre betrachten und sehen, ob sie wirklich so schrecklich und verderblich ist.

Wir nehmen uns die Blume wie eine Biene vor und schauen, ob wir etwas Honig oder dergleichen finden – ob Gutes daraus hervorkommt oder ob es sich bloß um ein Übel handelt.

1. Die Lehre von der Erwählung ist wahr

Als erstes muss ich versuchen zu beweisen, dass diese Lehre Wahrheit ist, und ich möchte mit einem menschlichen Argument beginnen. Ich werde zu euch entsprechend eurer verschiedenen Positionen und Standpunkte reden. Einige von euch gehören der Staatskirche von England an, und ich freue mich, viele von euch hier zu sehen. Auch wenn ich manchmal sehr harte Aussagen über Kirche und Staat treffe, liebe ich den-

noch die alte Kirche, denn viele gottesfürchtige Prediger und
bedeutende Gläubige gehören ihr an. Ich weiß, ihr haltet an
den Artikeln der Kirche von England als gesunde Lehre fest.
Ich möchte euch ein Beispiel vorlesen, was diese Artikel über
Erwählung sagen. Wenn ihr die Artikel glaubt, werdet ihr nicht
darum herumkommen, an die Erwählung zu glauben. Ich lese
aus dem 17. Artikel, über Vorherbestimmung und Erwählung:

> Die Vorherbestimmung zum Leben ist der ewige Vorsatz
> Gottes, wodurch er vor Grundlegung der Welt nach seinem
> uns verborgenen Rate fest beschlossen hat, diejenigen, wel-
> che er in Christus aus dem Menschengeschlecht erwählt
> hat, vom Fluch und Verderben zu befreien und als Gefäße
> der Ehre durch Christus zur ewigen Seligkeit zu bringen.
> Daher werden diejenigen, welche mit einer so herrlichen
> Wohltat Gottes beschenkt sind, durch seinen Geist, der zur
> rechten Zeit wirkt, nach seinem Vorsatz berufen; sie gehor-
> chen der Berufung durch die Gnade; sie werden dem Bilde
> seines eingeborenen Sohnes Jesus Christus gleichgemacht;
> sie wandeln heilig in guten Werken und gelangen endlich
> durch Gottes Barmherzigkeit zur ewigen Seligkeit.

Ich denke, dass jeder Anhänger der Kirche von England, sofern
er ernst und ehrlich dieser Kirche anhängt, wahrhaft an die
Erwählung glauben muss. Wenn er sich ihre Lehrartikel an-
schaut, muss er einfach sehen, dass Gott sein Volk zum ewigen
Leben erwählt hat. Ich bin nicht so sehr gefesselt von dieser
Bekenntnisschrift wie ihr es vielleicht seid, und ich habe diesen
Artikel nur benutzt um euch zu zeigen, dass ihr keinen Einspruch gegen die Lehre der Erwählung erheben solltet, wenn
ihr zur Kirche von England gehört.

Eine andere menschliche Autorität, mit der ich die Lehre der
Erwählung bestätigen möchte, ist das alte Glaubensbekenntnis
der Waldenser. Es entstand inmitten glühender Verfolgung
und zeigt, dass diese berühmten Bekenner des christlichen
Glaubens die Lehre als Teil der göttlichen Wahrheit angenommen und daran festgehalten haben. In einem ihrer Glaubensartikel heißt es:

Dass Gott diejenigen von Verderbnis und Verdammung befreit, welche er von Grundlegung der Welt erwählt hat, nicht aufgrund ihrer Veranlagung, ihres Glaubens oder ihrer Heiligkeit, die er in ihnen vorhergesehen hat, sondern allein aus Gnade durch Christus Jesus, seinem Sohn, wobei er alle anderen überging, gemäß dem unbegreiflichen Ratschluss seines freien Willens und seiner Gerechtigkeit.

Daher lehre ich nichts Neues, keine neue Lehre. Ich liebe es, diese kräftigen alten Lehren zu verkündigen, die zwar Calvinismus genannt werden, die aber gewiss die offenbarte Wahrheit Gottes in Christus Jesus ist.

Entlang dieser Wahrheit kann ich in die Vergangenheit reisen und auf dem Weg dorthin einen Glaubensvater nach dem anderen sehen, einen standhaften Bekenner nach dem anderen, einen um den anderen Märtyrer, die aufstehen und mir die Hand schütteln. Wäre ich ein Pelagianer* oder glaubte ich an die Lehre vom freien Willen, dann müsste ich für Jahrhunderte ganz alleine dastehen. Hier und da könnte ein Ketzer von wenig ehrbaren Charakter aufstehen und mich Bruder nennen. Aber wenn ich diese Lehre als Maßgabe meines Glaubens annehme, dann sehe ich das Land des Altertums mit meinen Brüdern bevölkert. Ich erblicke Unzählige, die dasselbe glauben wie ich und die bestätigen, dass dies der Glaube der Gemeinde Gottes ist.

Ich nenne euch auch einen Auszug aus dem alten baptistischen Glaubensbekenntnis. Wir sind Baptisten in dieser Gemeinde – auf jeden Fall der größere Teil von uns – und wir sehen gerne, was unsere Vorväter schrieben. Vor etwa zweihundert Jahren versammelten sich die Baptisten und veröffentlichten ihre Glaubensartikel, um Gerüchte gegen ihre Rechtgläubigkeit zu beenden, die in der Öffentlichkeit kursierten. Im Baptistischen Glaubensbekenntnis von 1689 finde ich Folgendes:

---

* Anhänger von Pelagius (ca. 360 – 420 n.Chr.), der die Erbsünde und Verdorbenheit des Menschen leugnete und lehrte, der Christ könne Kraft seiner Willensentscheidung ein sündloses Leben führen.

3. Artikel: Durch den Ratschluss Gottes sind zur Offenbarung seiner Herrlichkeit einige Menschen und Engel durch
Jesus Christus zu ewigem Leben auserwählt oder vorherbestimmt zum Preise seiner wunderbaren Gnade. Andere sind
einem Leben in Sünde überlassen, zu ihrer gerechten Verur-
teilung, zum Preise seiner wunderbaren Gerechtigkeit.

Jeder dieser Engel und Menschen, die so auserwählt und
vorherbestimmt sind, ist einzeln und unabänderlich auser-
sehen. Ihre Zahl ist so sicher und genau bestimmt, dass sie
weder vergrößert noch verkleinert werden kann.

Diejenigen der Menschheit, die zum Leben erwählt sind,
hat Gott, ehe die Welt geschaffen wurde, gemäß seinem ewigen und unveränderlichen Vorsatz sowie seinem geheimen
Ratschluss und dem Wohlgefallen seines Willens entsprechend in Christus zur ewigen Herrlichkeit auserwählt. Er
tat dies aus seiner völlig freien Gnade und Liebe, ohne dass
ihn irgendetwas im Geschöpf dazu gezwungen oder veranlasst hätte.*

Was diese drei menschlichen Bekenntnisse und Autoritäten betrifft, ist mir nichts an ihnen gelegen. Es kümmert mich nicht,
was sie für oder gegen diese Lehre sagen. Ich habe sie nur als
Bekräftigung eures Glaubens verwendet, und wenn ich als Ketzer und Hypercalvinist bezeichnet werde, so wird durch diese
Bekenntnisse jedenfalls deutlich, dass ich die Kirchengeschich-
te hinter mir habe. Die ganze Vergangenheit steht mir zur Seite. Ich schere mich nicht um die Gegenwart. Gebt mir die Vergangenheit, und ich werde auf die Zukunft hoffen. Auch wenn
die Gegenwart noch so aufdringlich ist, es ist mir gleich. Und
wenn die meisten Kirchen von London die großen Hauptlehren
Gottes verlassen haben, sei es drum. Wenn nur eine Hand voll
von uns unerschütterlich an der Souveränität Gottes festhält,
wenn Feinde uns angreifen und sogar unsere eigenen Brüder,
die unsere Freunde und Helfer sein sollten, macht das nichts,

---

* Diese deutsche Übersetzung wurde entnommen aus: Robert Kunst-
mann (Hrsg.): *Das baptistische Glaubensbekenntnis von 1689*, Hamburg:
RVB, 2002.

wenn wir doch auf die Vergangenheit zählen können. Die statt-
liche Armee von Märtyrern und die glorreiche Menge stand-
hafter Bekenner sind unsere Freunde. Die Zeugen der Wahrheit
stehen uns zur Seite. In dieser Gesellschaft sagen wir nicht, dass
wir alleine sind, sondern können rufen: »Gott hat sich sieben-
tausend ausgewählt, die nicht das Knie vor Baal gebeugt haben.«
Aber das Beste von allem ist: *Gott ist mit uns.* Die große Wahrheit ist immer die Bibel und die Bibel allein. Meine Hörer, ihr
glaubt doch an kein anderes Buch als allein an die Bibel? Wenn
ich diese Lehre aus allen anderen christlichen Büchern beweisen könnte, wenn ich die alexandrinische Bibliothek zurückholen und meinen Standpunkt mit ihr beweisen könnte, würdet
ihr mir keinen Deut mehr glauben. Aber ihr werdet bestimmt
das glauben, was im Wort Gottes steht.

Ich habe einige Schriftstellen gewählt, um sie euch vorzule-
sen. Wenn ich befürchte, dass ihr an einer Wahrheit zweifelt,
führe ich gerne eine ganze Reihe von Schriftstellen an, sodass
ihr zu erstaunt seid, um weiter zu zweifeln, wenn ihr nicht
wirklich glaubt. Lasst mich einfach eine Reihe von Schriftstellen lesen, wo von Gottes *Erwählten* die Rede ist. Und wenn diese
Menschen *Erwählte* genannt werden, muss es *Erwählung* geben.
Wenn Jesus Christus und seine Apostel die Gläubigen häufig
mit dem Titel *Erwählte* bezeichneten, müssen wir gewiss glauben, dass diese Gläubigen *erwählt* sind, sonst ist der Ausdruck
bedeutungslos. Jesus Christus sagt:

Und wenn der Herr die Tage nicht verkürzt hätte, so würde kein Mensch errettet werden; aber um der Auserwählten
willen, die er erwählt hat, hat er die Tage verkürzt ... Denn
es werden falsche Christusse und falsche Propheten auftre-
ten und werden Zeichen und Wunder tun, um womöglich
auch die Auserwählten zu verführen ... Und dann wird er
seine Engel aussenden und seine Auserwählten sammeln
von den vier Winden, vom Ende der Erde bis zum Ende des
Himmels (Mk 13,20.22.27).

Sollte aber Gott nicht seinen Auserwählten Recht schaffen, die Tag und Nacht zu ihm rufen, wenn er sie auch lange
warten lässt? (Lk 18,7)

Noch viele weitere Schriftstellen könnten angeführt werden, in denen ebenfalls die Begriffe erwählt, auserwählt, vorherbestimmt oder zuvorbestimmt vorkommen oder Ausdrücke wie meine Schafe oder dergleichen, was zeigt, dass das Volk Christi sich vom Rest der Menschheit unterscheidet.

Aber ihr habt sicher eine Konkordanz und so möchte ich jetzt nicht noch mehr Schriftstellen vorlesen. Überall in den Briefen werden die Gläubigen immer wieder die Auserwählten genannt. In Kolosser sagt Paulus: »Ziehet nun an als Auserwählte Gottes, Heilige und Geliebte: herzliches Erbarmen, Güte, Demut, Milde, Geduld« (Kol 3,12). Im Brief an Titus nennt er sich: »Paulus, Knecht Gottes, aber auch Apostel Jesu Christi, nach dem Glauben der Auserwählten Gottes« (Tit 1,1). Petrus schreibt an die, »die auserwählt sind nach Vorkenntnis Gottes« (1Petr 1,1-2). Wenn wir dann zu Johannes kommen, stellen wir fest, dass er das Wort sehr liebt. Er schreibt: »Der Älteste der auserwählten Herrin« (2Jo 1,1); und er spricht von »unserer *erwählten* Schwester« (2Jo 1,13). Und bei Petrus steht: »Es grüßt euch die Miterwählte in Babylon« (1Petr 5,13).

Damals schämten sie sich nicht für dieses Wort. Sie fürchteten sich nicht, darüber zu reden. Heute ist dieses Wort mit verschiedenen Bedeutungen ausgeschmückt und einige haben diese Lehre verstümmelt und zerstört und zu einer Lehre von Teufeln erklärt. Ich gebe zu, dass viele, die sich Gläubige nennen, Gesetzlosigkeit vertreten. Aber warum sollte ich mich dieser Wahrheit schämen, wenn Menschen sie verdrehen? Wir lieben die Wahrheit Gottes auch dann, wenn sie auf die Folterbank gespannt ist. Wenn wir einen Märtyrer lieben, bevor er auf die Folterbank kommt, dann sollten wir ihn noch mehr lieben, wenn er zur Folter niedergestreckt wird. Wenn die Wahrheit Gottes auf der Folterbank verzerrt wird, dann nennen wir sie nicht Lüge. Wir lieben nicht, dass sie verzerrt wird, aber wir lieben sie auch, wenn sie verzerrt wird, weil wir ihre ausgewogenen Ausmaße kennen, durch die sie sich auszeichnet, wenn sie nicht gerade von grausamen menschlichen Erfindungen gequält und gefoltert wird. Wenn du die Briefe der Kirchenväter liest, wirst du sehen, dass sie das Volk Gottes immer mit »Auserwählte« anreden. Sogar die einfachen Christen nannten sich gewöhnlich Auserwählte. Oft nannten sie sich gegenseitig so, um den allgemeinen Glauben auszudrücken, dass alle im Volk Gottes offenkundig auserwählt waren.

Doch nun zu den Versen, die diese Lehre im positiven Sinne als richtig erweisen. Schlagt eure Bibeln bei Johannes 15,16 auf. Dort seht ihr, dass Jesus Christus die Seinen erwählt hat, denn er sagt:

> *Ihr* habt nicht mich erwählt, sondern *ich* habe euch erwählt und euch dazu bestimmt, dass ihr hingeht und Frucht bringt und eure Frucht bleibe, damit, was ihr den Vater bitten werdet in meinem Namen, er euch gebe.

Dann in Vers 19: »Wenn ihr von der Welt wäret, würde die Welt das Ihre lieben; weil ihr aber nicht von der Welt seid, sondern ich euch aus der Welt erwählt habe, darum hasst euch die Welt.«

In Kapitel 17,8-9: »Die Worte, die du mir gegeben hast, habe ich ihnen gegeben, und sie haben sie angenommen und wahrhaftig erkannt, dass ich von dir ausgegangen bin, und haben geglaubt, dass du mich gesandt hast. Ich bitte für sie; nicht für die Welt bitte ich, sondern für die, welche du mir gegeben hast, denn sie sind dein.«

Kommen wir zu Apostelgeschichte 13,48: »Als aber die aus den Nationen es hörten, freuten sie sich und verherrlichten das Wort des Herrn; und es glaubten, so viele zum ewigen Leben verordnet waren.« Man mag sich bei diesem Vers an der Kunst der Haarspalterei versuchen, aber hier heißt es im Original so klar und einfach wie nur irgend möglich, »zum ewigen Leben verordnet«. Daran ändern auch all die verschiedenen Kommentare nichts.

Ihr braucht wohl kaum an Römer 8 erinnert zu werden, denn ich gehe davon aus, dass ihr mittlerweile alle gut mit diesem Kapitel vertraut seid. In Vers 29-33 lesen wir:

> Denn die er vorher erkannt hat, die hat er auch vorherbestimmt, dem Bilde seines Sohnes gleichförmig zu sein, damit er der Erstgeborene sei unter vielen Brüdern. Die er aber

vorherbestimmt hat, diese hat er auch berufen; und die er berufen hat, diese hat er auch gerechtfertigt; die er aber gerechtfertigt hat, diese hat er auch verherrlicht. Was sollen wir nun hierzu sagen? Wenn Gott für uns ist, wer gegen uns? Er, der doch seinen eigenen Sohn nicht verschont, sondern ihn für uns alle hingegeben hat: wie wird er uns mit ihm nicht auch alles schenken? Wer wird gegen Gottes Auserwählte Anklage erheben?

Es wäre auch unnötig, Römer 9 zu wiederholen. Solange dieses Kapitel in der Bibel steht, wird kein Mensch in der Lage sein, den Arminianismus zu beweisen. So lange Verse wie folgende geschrieben stehen, werden auch nicht die gewaltsamsten Verrenkungen des Bibeltextes jemals in der Lage sein, die Lehre der Erwählung aus der Heiligen Schrift auszurotten:

Denn als (Jakob und Esau) noch nicht geboren waren und weder Gutes noch Böses getan hatten – damit der nach freier Auswahl gefasste Vorsatz Gottes bestehen bliebe, nicht aufgrund von Werken, sondern aufgrund des Berufenden – wurde zu ihr (Rebekka) gesagt: «Der Ältere wird dem Jüngeren dienen» (Röm 9,11-12).

Wenn aber Gott, willens seinen Zorn zu erweisen und seine Macht zu erkennen zu geben, mit vieler Langmut die Gefäße des Zorns ertragen hat, die zum Verderben zubereitet sind, und wenn er handelte, damit er den Reichtum seiner Herrlichkeit an den Gefäßen des Erbarmens zu erkennen gebe, die er zur Herrlichkeit vorher bereitet hat ... (V. 22-23).

Gehen wir weiter zu Römer 11,5-7: »So ist nun auch in der jetzigen Zeit ein Überrest nach Auswahl der Gnade entstanden ... Was nun? Was Israel sucht, das hat es nicht erlangt; aber die Auswahl hat es erlangt, die übrigen jedoch sind verstockt worden.«
Und zweifellos kennt ihr alle 1. Korinther 1,26-29:

Denn seht, eure Berufung, Brüder, dass es nicht viele Weise nach dem Fleisch, nicht viele Mächtige, nicht viele Edle sind;

sondern das Törichte der Welt hat Gott auserwählt, damit er die Weisen zuschanden mache; und das Schwache der Welt hat Gott auserwählt, damit er das Starke zuschanden mache. Und das Unedle der Welt und das Verachtete hat Gott auserwählt, das, was nicht ist, damit er das, was ist, zunichte mache, dass sich vor Gott kein Fleisch rühme.

Und dann habt ihr den zu Beginn gelesenen Text, 2. Thessalonicher 2,13-14. Ich denke das reicht aus. Wenn du noch mehr brauchst, magst du sie in deiner Freizeit aufspüren, falls dein Misstrauen gegen diese Lehre immer noch nicht ganz aufgehoben ist.

Meine Freunde, ich denke, dass diese überwältigende Menge an Schriftstellen jene zum Wanken bringen muss, die über diese Lehre zu lachen wagen. Was sollen wir über diejenigen sagen, die sie so oft verachtet und ihre Göttlichkeit verleugnet haben? Was sollen wir von denen halten, die sich über die Gerechtigkeit der Erwählung aufgeregt und gewagt haben, Gott zu trotzen und ihn einen allmächtigen Tyrannen zu nennen, sobald sie hörten, dass er so viele zum ewigen Leben erwählt hat? Kannst du, der du die Erwählung verwirfst, sie aus der Bibel werfen? Kannst du das Messer des Jehudi (Jer 36,21-23) nehmen und sie aus dem Wort Gottes herausschneiden? Bist du wie die Hure bei Salomo, die zulässt, dass das Kind in zwei Hälften geteilt wird, damit du deine Hälfte bekommst? Steht diese Lehre nicht in der heiligen Schrift? Und ist es nicht deine Pflicht, dich zu beugen und in Schwachheit anzuerkennen, was du nicht verstehst? Es als Wahrheit anzunehmen, obwohl du die Bedeutung nicht verstehst? Ich möchte nicht versuchen zu beweisen, dass Gott gerecht ist, wenn er einige erwählt und andere übergangen hat. Es steht mir nicht zu, meinen Meister zu verteidigen. Er spricht für sich selbst, und zwar so:

Ja freilich, o Mensch, wer bist du, der du das Wort nimmst gegen Gott? Wird etwa das Geformte zu dem Former sagen: Warum hast du mich so gemacht? Oder hat der Töpfer nicht Macht über den Ton, aus derselben Masse das eine Gefäß zur Ehre und das andere zur Unehre zu machen? (Röm 9,20-21).

Wer sagt zu seinem Vater: Was hast du gezeugt?, oder zu seiner Mutter: Was hast du geboren? »Ich bin der HERR, der das Licht bildet und die Finsternis schafft, der Frieden wirkt und das Unheil schafft. Ich, der HERR, bin es, der das alles wirkt« (Jes 45,7).

Wer bist du, dass du gegen Gott Vorwürfe erhebst? Zittere und küsse seine Rute! Beuge dich und unterwirf dich seinem Zepter! Bestreite nicht seine Gerechtigkeit und klage nicht seine Werke vor deinem Gericht an, o Mensch!

Aber manche sagen: »Es ist hartherzig von Gott, einige zu erwählen und andere nicht.« Nun, ich will euch eine Frage stellen: Gibt es unter euch einige, die heilig und von neuem geboren sein möchten, die wünschen, die Sünde zu lassen und in Heiligkeit zu leben? Ja, hier ist jemand. Er sagt: »Ich möchte.« Dann hat Gott dich erwählt.

Aber ein anderer sagt: »Nein, ich mag nicht heilig sein. Ich will meine Begierden und meine Laster nicht aufgeben.« Warum solltest du dann murren, dass Gott dich nicht dazu erwählt hat? Denn wenn du erwählt wärest, dann würde es dir deinem eigenen Bekenntnis zufolge nicht gefallen. Wenn Gott dich zur Heiligkeit erwählt hätte, würdest du sagen, das kümmere dich nicht. Gibst du nicht selber zu, dass dir Trunkenheit lieber ist als Nüchternheit und Betrug lieber als Ehrlichkeit? Du liebst die Freuden dieser Welt mehr als das Glaubensleben. Warum solltest du dann murren, dass Gott dich nicht zum Glauben erwählt hat? Wenn du den Glauben liebst, *hat* er dich dazu erwählt. Wenn du Glauben wünscht, hat er dich dazu erwählt. Wenn nicht, mit welchem Recht forderst du dann von Gott etwas, was du gar nicht willst?

Angenommen, ich hielte etwas in meiner Hand, was du nicht wertschätzt, und ich sagte dir, dass ich es jemand anderen geben werde. Dann hättest du kein Recht zu murren, dass ich es nicht dir gab. Du kannst nicht so töricht sein und darüber murren, dass andere etwas haben, was dich nicht interessiert. Nach eurem eigenen Bekenntnis wollen viele von euch keinen

Glauben, kein neues Herz und keinen aufrichtigen Geist, wollen keine Sündenvergebung und keine Heiligung. Ihr wollt gar nicht dazu erwählt sein. Warum solltet ihr dann murren? Ihr achtet diese Dinge für leer und nichtig. Warum solltet ihr euch dann über Gott beklagen, wenn er sie denen gegeben hat, die er erwählt hat? Wenn du glaubst, dass diese Dinge gut sind und du sie dir wünscht, dann sind sie für dich. Gott gibt freigiebig allen, die es wünschen. Und zuerst und vor allem bewirkt er in ihnen den Wunsch, denn sonst würden sie diese Dinge niemals wünschen.

Wenn du diese Dinge liebst, hat er dich dazu erwählt und du kannst sie haben. Wenn aber nicht – wer bist du, dass du Gott Ungerechtigkeit vorwirfst, wenn es doch dein eigener unbedingter Wille ist, der dich abhält diese Dinge zu lieben und dein eigenes Ich dich veranlasst, diese Dinge zu hassen?

Angenommen, ein Mann auf der Straße sagt: Welche Schande, dass ich keinen Sitzplatz in der Gemeinde habe, um zu hören, was dieser Mann zu sagen hat. Und stell dir vor, er fährt fort: Ich hasse den Prediger. Ich kann seine Lehre nicht ertragen, aber es ist trotzdem eine Schande, dass ich keinen Sitzplatz habe. Würdet ihr erwarten, dass jemand so redet? Nein. Ihr würdet sofort sagen: Diesem Mann liegt nichts daran. Warum sollte er sich darüber ärgern, dass andere Leute etwas haben, was sie schätzen, er aber verachtet? Du magst keine Heiligkeit, du magst keine Gerechtigkeit. Wenn Gott mich für diese Dinge erwählt hat, hat er dich dann verletzt?

Aber, so sagen manche, ich dachte, Gott habe einige zum Himmel und andere zur Hölle erwählt. Das ist etwas ganz anderes als die Lehre des Evangeliums. Er hat Menschen zur Heiligkeit und zu Gerechtigkeit erwählt und dadurch zum Himmel. Ihr dürft nicht sagen, dass er einige einfach nur in den Himmel und andere schlichtweg zur Hölle erwählt hat. Er hat dich zur Heiligkeit erwählt, wenn du Heiligkeit liebst. Wenn jemand von euch gern durch Jesus Christus errettet werden möchte, dann hat Jesus Christus dich zur Rettung erwählt. Wenn sich einige von euch das Heil wünschen, seid ihr dazu erwählt, wenn du es ernstlich und aufrichtig möchtest. Aber wenn du es nicht möchtest, warum in aller Welt solltest du dann so lächerlich töricht sein und murren, weil Gott das, was du nicht haben möchtest, anderen gibt?

2. Die Erwählung ist bedingungslos

Bisher habe ich versucht, etwas zur *Wahrheit* der Erwählung zu sagen. Jetzt möchte ich kurz sagen, dass Erwählung *bedingungslos* ist. Das heißt, sie hängt nicht von dem ab, was wir sind. Der Bibeltext sagt: Gott hat euch von Anfang an zur Rettung erwählt. Aber unsere Gegner sagen, Gott habe Menschen erwählt, weil sie gut sind und aufgrund verschiedener guter Werke, die sie getan haben. Dagegen halten wir die Frage: Welche Werke sind es denn, aufgrund derer Gott die Seinen erwählt? Sind das die so genannten Gesetzeswerke, Werke des Gehorsams, welche das Geschöpf vollbringen kann? Wenn ja, entgegnen wir: Wenn Menschen nicht durch Gesetzeswerke *gerechtfertigt* werden können, dann scheint klar zu sein, dass sie durch Gesetzeswerke auch nicht *erwählt* werden können. Wenn sie durch ihre guten Werke nicht gerechtfertigt werden können, werden sie dadurch auch nicht errettet. Dann kann die Erwählung nicht aufgrund guter Werke beschlossen worden sein.

»Aber«, sagen andere, »Gott erwählte sie, weil er ihren Glauben vorhersah.« Nun, Gott gibt den Glauben; deshalb kann er sie nicht aufgrund ihres Glaubens erwählt haben, den er voraussah. Angenommen, zwanzig Bettler sind auf der Straße und ich suche einen aus, dem ich einen Schilling gebe. Wird nun jemand behaupten, dass ich diesen einen ausgesucht hätte, weil ich vorausgesehen habe, dass er einen Schilling haben würde? Das wäre Unsinn. Ebenso ist es zu absurd, um nur einen Augenblick zuzuhören, wenn man sagt, Gott habe Menschen erwählt, weil er voraussah, dass sie Glauben haben werden, den Urkeim der Errettung. Glaube ist die Gabe Gottes. Jede Tugend kommt von ihm. Deshalb kann mein Glaube ihn nicht veranlasst haben, mich zu erwählen, denn der Glaube ist seine Gabe. Wir sind gewiss, dass die Erwählung bedingungslos ist und unabhängig von den Tugenden, durch die sich die Gläubigen danach auszeichnen. Auch wenn ein Gläubiger so heilig und hingegeben ist wie Paulus, auch wenn er so freimütig ist wie Petrus oder so liebevoll wie Johannes, hätte er doch keine Ansprüche gegenüber seinem Schöpfer. Mir ist noch nie ein Gläubiger irgendeiner Konfession begegnet, der meinte, Gott habe ihn gerettet, weil er voraussah, dass er diese Tugenden und Verdienste aufweisen würde.

Die besten Juwelen, die ein Gläubiger je trägt, sind – wenn selbstgemacht – nicht vom ungetrübten Quellwasser. Sie sind bereits mit dem Schmutz der Erde getrübt. Selbst unsere höchste Begabung hat etwas vom Erdenstaub an sich. Auch wenn wir ganz und gar geläutert und geheiligt sind, sagen wir immer noch: »... dass Jesus Christus für Sünder starb, von denen ich der erste bin.« Unsere einzige Hoffnung und Hilfe ist von der Gnade abhängig, die in der Person Jesu Christi geoffenbart wurde. Unsere Gnadengaben sind Gaben unseres Herrn, Pflanzungen seiner Hand, und wir müssen jeden Gedanken gänzlich verwerfen und verachten, dass diese Gnadengaben je seine Liebe verursacht haben könnten. Wir müssen ewig singen:

An mir gab es kein wertvoll Ding,
das Gott, dem Schöpfer, Freud' gebracht.
Nein, Vater, ewig ich besing'
dass dein Will' alles wohl gemacht.

»Ich werde mich erbarmen, wessen ich mich erbarme« (Röm 9,15); er rettet, weil er retten will. Und wenn du mich fragst, warum er mich rettete, kann ich nur sagen, weil es ihm wohlgefiel. Gab es irgendetwas in mir, das mich vor Gott empfohlen hätte? Nein, ich lege alles ab. Ich hatte nichts, was zu meinen Gunsten zählte. Als Gott mich rettete, war ich der elendste, verlorenste und verdorbenste Mensch der Welt. Ich lag vor ihm wie ein Kind in meinem Blut. Wahrlich, ich hatte keine Kraft, um mir selbst zu helfen. O wie verdorben fühlte ich mich und wusste ich, dass ich es bin! Wenn ihr etwas vor Gott Lobenswertes an euch hattet – ich nicht. Ich gebe mich damit zufrieden, aus *Gnade* gerettet zu sein, aus unvermischter, reiner Gnade. Ich kann mich keiner Verdienste rühmen. Wenn du das kannst – ich nicht. Ich kann nur singen:

Von Anfang an war's freie Gnad',
von der mein Herz ergriffen ward.

3. Die Erwählung ist ewig

»Gott hat euch von Anfang an zur Rettung erwählt«. Kann mir
irgendjemand sagen, wann dieser Anfang war? Erst wenn wir
in die Zeit zurückgehen, als das ganze Universum ungeboren in
den Gedanken Gottes schlief, erst wenn wir die Ewigkeit betreten, als einzig Gott, der Schöpfer, lebte und alles in ihm schlum-
merte und die ganze Schöpfung noch in seinen mächtigen, ma-
jestätischen Gedanken ruhte, bekommen wir eine leise Ahnung
von dem Anfang. Wir mögen zurückgehen, zurück, zurück und
noch weiter zurück – Zeitalter auf Zeitalter. Wir mögen ganze
Ewigkeiten zurückgehen, wenn wir ein so seltsames Wort verwenden wollen, und werden doch nie am Anfang ankommen.
Die Flügel unserer Fantasie würden erschlaffen und unsere
Vorstellungskraft ersterben, denn würde sie jene Blitze hinter
sich lassen, die in Majestät, Macht und Behändigkeit durch die
Himmel zuckten, würden sie ermatten, bevor sie je den Anfang
erreichen könnten.

Doch Gott hat die Seinen von Anfang an erwählt, als der
unerforschliche Äther noch unberührt war von eines Engels
Flügel, als der Weltenraum uferlos oder noch nicht geboren
war, als im Kosmos Schweigen herrschte und kein Hauch noch
Flüsterton die erhabene Stille aufrührte, als es kein Leben und
keine Bewegung gab, keine Zeit und nichts als nur den ewigen Gott selbst. Ohne Gesang von Engeln, ohne Gegenwart der
Cherubim, lange bevor lebende Geschöpfe geboren oder die
Räder des Thronwagen Jahwes gebildet wurden. Ja, »im Anfang war das Wort«, und im Anfang war Gottes Volk eins mit
dem Wort und von Anfang an hat er sie zum ewigen Leben
erwählt. Unsere Erwählung ist also ewig. Ich werde mich nicht
damit aufhalten, das zu beweisen, sondern erwähne diese Gedanken nur kurz zum Segen für solche, die jung im Glauben
sind, damit sie verstehen, was wir mit ewiger, bedingungsloser
Erwählung meinen.

4. Die Erwählung ist persönlich.

Auch hier haben unsere Gegner versucht, die Erwählung zu verwerfen, indem sie uns weismachen wollten, es handle sich um eine Erwählung nicht von Menschen, sondern von Nationen. Doch hier sagt der Apostel: »Gott hat *euch* von Anfang an zur Rettung erwählt.« Es ist der übelste Kniff überhaupt zu behaupten, Gott habe nicht Personen, sondern Nationen erwählt, denn genau derselbe Einwand, der gegen die Erwählung von Personen vorgebracht wird, kann auch gegen die Erwählung einer Nation vorgebracht werden. Wenn es nicht gerecht wäre, eine Person zu erwählen, dann wäre es noch viel ungerechter, eine ganze Nation zu erwählen, da eine Nation nichts anderes ist als die Einheit einer Menge von Personen.

Daher scheint es ein noch größeres Verbrechen zu sein – wenn denn Erwählung ein Verbrechen ist –, eine ganze Nation zu erwählen als nur einzelne Personen. Zehntausend zu erwählen würde sicher schlimmer gewertet als einen einzigen zu erwählen. Eine ganze Nation vor dem Rest der Menschheit zu bevorzugen, scheint eine größere Tat der Souveränität Gottes zu sein als einen einzelnen armen Sterblichen zu erwählen und die anderen zu übergehen. Doch was sind Nationen anderes als Mengen von Menschen? Was sind ganze Völkerschaften anderes als Kombinationen verschiedener Glieder? Eine Nation besteht aus dem einen Individuum und dem anderen und noch anderen. Und wenn du mir weis machst, dass Gott Israel erwählte, dann sage ich dir, dass er jenen Israelit und jenen, und jenen erwählte. Und wenn du sagst, er erwählte England, dann sage ich, er erwählte jenen Engländer, jenen und jenen.

Also ist das schließlich ein und dieselbe Sache. Erwählung ist also persönlich, sie muss es sein. Jeder Leser wir einsehen, dass die Bibel immer wieder vom Volk Gottes als eine Vielzahl von Einzelpersonen spricht, und von diesen sagt, dass sie die besonderen Gegenstände der Erwählung sind.

Zu Gottes Kindern jeder zählt,
der glaubet fest an seinen Sohn,

weil Gott in Gnad' ihn auserwählt,
vor Ewigkeit auf seinem Thron.

5. Die Erwählung führt zu guten Ergebnissen

Unser Text sagt, »dass Gott euch von Anfang an erwählt hat
zur Rettung in Heiligung des Geistes und im Glauben an die
Wahrheit.« Wie viele missverstehen doch die Lehre von der
Erwählung ganz und gar! Und wie schmerzt es meiner Seele
und kocht es in mir, wenn ich an die schrecklichen Übel denke,
die aus dem Bekämpfen und Verleugnen dieses herrlichen As-
pektes der glorreichen Wahrheit Gottes hervorgegangen sind!
Wie viele haben sich eingeredet: »Ich bin ein Erwählter Gottes«
und sich auf diesen Lorbeeren ausgeruht – und Schlimmeres
getan« Sie sagen: »Ich bin erwählt«, und praktizieren zugleich
Gottlosigkeit. Sie stürzen sich auf alles, was unrein ist, denn
sie sagen sich: »Ich bin ein erwähltes Kind Gottes, ungeachtet
meiner Werke. Deshalb kann ich leben, wie mir beliebt und
tun, was mir gefällt.« O, meine Lieben, ein jeder von euch lasse
sich warnen, die Wahrheit nicht zu weit zu treiben. Oder besser
gesagt, die Wahrheit nicht in Irrsinn umzukehren – denn wir
können mit ihr nicht zu weit gehen. Wir mögen über die Wahrheit hinausgehen und können aus dem, was uns ein süßer
Trost sein sollte, eine schreckliche Mixtur zu unserem Verderben machen. Tausende sind ins Verderben gegangen, weil sie
Erwählung missverstanden und sich eingeredet haben: »Gott
hat mich für den Himmel und für das ewige Leben erwählt.«
Doch sie haben vergessen, dass geschrieben steht, dass Gott erwählt hat »zur Rettung in Heiligung des Geistes und im Glauben an die Wahrheit«. Gott hat diese Wahl getroffen und hat
zu Heiligung und Glauben erwählt. Gott erwählt die Seinen,
damit sie heilig und gläubig sind.

Wie viele von euch sind also gläubig? Wie viele von euch
können mit der Hand auf dem Herzen sagen: »Mit Zuversicht
in Gott denke ich, dass ich geheiligt bin«? Wer unter euch würde sagen: »Ich bin erwählt«? Nun, ich erinnere dich daran, dass
du letzte Woche geflucht hast. Es mag jemand sagen, »Ich bin
gewiss, dass ich erwählt bin«, aber ich rufe dir eine Freveltat ins

Gedächtnis, die du während der letzten sechs Tage begangen hast. Ein anderer sagt: »Ich bin erwählt«, aber ich schaue dir in die Augen und sage: »Erwählt?! – Du bist ein elendiger Heuchler – und sonst nichts!« Andere sagen: »Ich bin erwählt!«, aber ich erinnere sie, dass sie den Gnadenthron verschmähen und nicht beten. O Geliebte, haltet euch niemals für erwählt, wenn ihr nicht heilig seid! Du kannst als Sünder zu Christus kommen, aber als Erwählter kannst du erst zu Christus kommen, wenn du deine Heiligkeit erkennst. Verdrehe nicht meine Darlegungen über die Erwählung und sage nicht, »ich bin erwählt« und meinst, weiter in Sünde leben zu können. Das ist unmöglich. Gottes Erwählte sind heilig. Sie sind nicht makellos, sie sind nicht perfekt, aber wenn man ihr Leben im Großen und Ganzen nimmt, sind sie heilig. Durch dieses Kennzeichen unterscheiden sich von anderen, und niemand hat ein Recht, sich für erwählt zu halten, es sei denn aufgrund seiner Heiligkeit. Er mag erwählt sein und noch in Finsternis liegen, aber er hat kein Recht sich für erwählt zu halten, denn niemand kann es sehen und es gibt keinerlei Anzeichen dafür. Er mag eines Tages leben, aber gegenwärtig ist er tot. Wenn du in der Furcht Gottes wandelst und danach strebst, ihm zu gefallen und seinen Geboten zu gehorchen, dann zweifle nicht, dass dein Name von vor Grundlegung der Welt geschrieben steht im Buch des Lammes.

Und sollte dies zu hoch für dich sein, so beachte das andere Kennzeichen der Erwählung, nämlich den Glauben, »Glauben an die Wahrheit«. Wer immer Gottes Wahrheit glaubt, wer an Jesus Christus glaubt, ist erwählt. Kürzlich traf ich arme Seelen, die sich mit solcherlei Gedanken grämten und sorgten: »Was ist, wenn ich nicht erwählt bin? Ich weiß, dass ich mein Vertrauen auf Jesus gesetzt habe; ich weiß, dass ich an seinen Namen glaube und auf sein Blut vertraue; aber was ist, wenn ich nicht erwählt bin?« Arme Kreatur! Du weißt nicht viel vom Evangelium, sonst würdest du nicht so reden, denn *wer glaubt, ist erwählt*. Die Erwählten sind erwählt zur Heiligkeit und zum Glauben. Und wenn du Glauben hast, bist du einer von Gottes Erwählten. Du kannst es und sollst es wissen, denn es ist absolut gewiss.

Wenn du als Sünder auf Jesus Christus blickst und wie der
Liederdichter sagst:

>»Ich komme nur mit leerer Hand,
bei deinem Kreuz ich alles fand.«

– dann bist du erwählt. Ich mache mir keine Sorgen, dass die
Lehre von der Erwählung arme Gläubige oder Sünder ängsti-
gen könnte. Viele Theologen sagen den Ratsuchenden: »Erwählung hat nichts mit dir zu tun.« Das ist sehr schlimm, weil
die arme Seele so nicht beruhigt wird. Wenn man sie so beruhigen könnte, mag das wohl sein, aber sie wird unweigerlich
weiter darüber nachdenken. Sage dem Suchenden also, wenn
er an den Herrn Jesus Christus glaubt, ist er erwählt. Wenn du
dich auf Jesus wirfst, bist du erwählt. Ich sage dir – und wenn
du der größte der Sünder bist –, so sage ich dir in seinem Namen: Wenn du ohne eigene Werke zu Gott kommst, dich auf
das Blut und die Gerechtigkeit Jesu Christi wirfst, wenn du
jetzt kommst und ihm vertraust, bist du erwählt – wurdest du
von Gott geliebt vor Grundlegung der Welt. Denn du könntest
das nicht tun, wenn nicht Gott dir die Kraft dazu gibt und dich
dazu erwählt hat.

Nun bist du sicher – wenn du nichts anderes tust als zu
kommen und dich auf Jesus Christus zu werfen und wünschst,
gerettet und von ihm geliebt zu werden. Aber denke nicht, dass
irgendjemand gerettet wird ohne Glauben und ohne Heiligkeit. Denke nicht, dass ein Ratschluss, der in fernen Zeitaltern
der ewigen Vergangenheit gefasst wurde, deine Seele retten
wird, es sei denn, du glaubst an Christus. Sitze nicht da und
wähne, du würdest gerettet ohne Glauben und Heiligkeit. Das
wäre eine höchst verabscheuungswürdige Irrlehre, die Tausende ins Verderben gebracht hat. Nimm die Erwählung nicht als
Kissen, auf dem du ruhig schläfst, denn sonst wirst du verloren
gehen. Gott bewahre mich davor, Kissen unter eure Arme zu
schieben, auf denen ihr bequem in euren Sünden ruht! In der
Bibel gibt es nichts, o Sünder, was deine Sünde lindert. Sondern wenn du verdammt wirst, wirst du in dieser Bibel weder
einen einzigen Tropfen finden, der deine Zunge kühlt, noch ei-

ne Lehre, die deine Schuld schmälert. Deine Verdammnis wird gänzlich deine eigene Schuld sein und deine Sünde wird die Verdammnis reichlich verdienen, weil du glaubtest, du seiest nicht verdammt. »Ihr glaubt nicht, denn ihr seid nicht von meinen Schafen« (Joh 10,26). »Ihr wollt nicht zu mir kommen, damit ihr Leben habt« (Joh 5,40).

Wähne nicht, dass Erwählung Sünde entschuldige. Erträume solches nicht, wiege dich nicht in lieblicher Sicherheit, indem du dich für nicht verantwortlich hältst. Du bist verantwortlich. Wir müssen beide Seiten verkünden. Wir müssen Gottes Souveränität lehren und die Verantwortung des Menschen. Wir müssen die Erwählung lehren, aber wir müssen auch an dein Herz appellieren und dich mit Gottes Wahrheit konfrontieren. Das müssen wir dir sagen und dich daran erinnern. Denn wenngleich geschrieben steht: »Dein Heil steht allein bei mir«, so steht auch im selben Vers geschrieben: »Israel, du bringst dich in Unglück« (Hos 13,9, Luther).

6. Die Wirkungen der Lehre von der Erwählung

Als erstes möchte ich euch sagen, was die Lehre von der Erwählung aus den Gläubigen unter dem Segen Gottes machen wird, und als zweites, was sie für Sünder tut, wenn Gott sie ihnen zum Segen sein lässt.

Erstens denke ich, zieht die Erwählung wie keine andere Lehre der Welt dem Gläubigen das letzte Hemd aus. Sie nimmt ihm sein ganzes Vertrauen in sein Fleisch bzw. jegliches Verlassen auf etwas anderes außer Jesus Christus. Wie oft schmücken wir uns mit unserer eigenen Gerechtigkeit und staffieren uns mit den falschen Perlen und Brillanten unserer eigenen Werke und Taten aus. Wir sagen: »Nun werde ich gerettet, denn ich kann diesen oder jenen Beweis dafür vorzeigen. Doch stattdessen ist es der nackte Glaube, der rettet. Einzig und allein der Glaube vereint uns mit dem Lamm, ungeachtet von Werken, wenngleich die Werke ein Produkt des Glaubens sind. Wie oft stützen wir uns auf irgendein Werk anstatt auf unseren geliebten Herrn, und vertrauen auf irgendeine andere Kraft als auf jene von oben.

Wenn uns dieses nun genommen wird, bleibt uns nur, über Erwählung nachzudenken. Halte inne, meine Seele, und bedenke dies. Gott hat dich geliebt, bevor du wurdest. Er liebte dich, als du tot in Übertretungen und Sünden warst und sandte seinen Sohn, um für dich zu sterben. Er hat dich mit seinem kostbaren Blut erkauft, bevor du seinen Namen stammeln konntest. Hast du da irgendeinen Grund, um stolz zu sein?

Ich kenne nichts, absolut nichts, was *demütigender* für uns ist als die Lehre der Erwählung. Bei meinen Versuchen, sie zu begreifen, falle ich manchmal der Länge nach vor ihr nieder. Ich habe meine Flügel ausgestreckt und mich wie ein Adler der Sonne entgegen emporgeschwungen. Eine Zeitlang blieben meine Augen fest fixiert und meine Flügel emsig, doch als ich mich ihr näherte und mich dieser eine Gedanke ergriff, »dass Gott uns von Anfang an erwählt hat zur Rettung«, war ich in ihrem Glanz verloren. Diese gewaltige Gedanke erschütterte mich und meine Seele stürzte aus der schwindelerregenden Höhe herab, warf sich zerbrochen nieder und sprach: »Herr, ich bin nichts, ich bin weniger als nichts. Warum ich? Warum gerade ich?«

Wenn ihr gedemütigt werden wollt, dann befasst euch mit der Erwählung, denn sie wird euch unter dem Wirken des Geistes Gottes demütig machen. Wer auf seine Erwählung stolz ist, ist nicht erwählt, doch wer unter ihrem Eindruck gedemütigt ist, der darf glauben, dass er erwählt ist. Er hat allen Grund zu glauben, dass er zu den Erwählten zählt, denn es ist eine der segensreichsten Wirkungen der Erwählung, dass sie uns hilft, uns vor Gott zu demütigen.

Noch einmal: Die Lehre der Erwählung sollte den Christen äußerst *furchtlos* und *freimütig* machen. Niemand wird so freimütig sein wie der, der glaubt, dass er von Gott erwählt ist. Was kümmern ihn die Leute, wenn er von seinem Schöpfer erwählt ist? Was schert er sich um das jämmerliche Gekrächze von kleinen Spatzen, wenn er weiß, dass er ein Adler von königlichem Geschlecht ist? Macht es ihm etwas, wenn der Bettler mit Fingern auf ihn zeigt, wo doch himmlisches Adelsblut in seinen Adern fließt? Wird er sich etwa fürchten, wenn auch die ganze Welt sich gegen ihn erhebt? Wenn die feindliche Welt auch zu

den Waffen greift, ist er doch in vollkommenem Frieden, denn
er befindet sich im Versteck im Zelt des Allerhöchsten, im Hei-
ligtum des Allmächtigen. »Ich gehöre Gott«, sagt er, »ich bin anders als die anderen. Sie sind unterlegen. Gehöre ich nicht zum
Adelsstand des Himmels? Ist mein Name nicht im Buch Gottes
geschrieben?« Was kümmert ihn die Welt? Nein, wie der Löwe,
der sich nicht um das Bellen des Hundes schert, lächelt er seine
Feinde an. Er schreitet an ihnen vorbei wie ein Riese, während
die kleinen Menschen unten daherlaufen und ihn nicht verstehen. Wenn die ganze Welt sich zischend auf ihn stürzen würde, würde er sie anlächeln und wie der Liederdichter sagen:

> Wer bei Gott als Zuflucht wohnt,
> wird mit sich'rem Schutz belohnt.

»Ich bin einer seiner Erwählten. Ich bin von Gott erwählt und
kostbar. Und obgleich die Welt mich ausstößt, fürchte ich mich
nicht. O, ihr dem Zeitlichen dienenden Bekenner, einige von
euch können sich biegen wie die Weiden. Heute sind nur wenige Christen fest wie Eichen, die dem Sturm trotzen. Ich sage
euch, warum: Weil ihr nicht glaubt, dass ihr erwählt seid. Wer
um seine Erwählung weiß, wird zu stolz sein, um zu sündigen, er wird sich nicht herablassen und die Werke des gemei-
nen Volkes begehen. Wer an diese Wahrheit glaubt, wird sagen:
»Sollte ich etwa Kompromisse mit meinen Prinzipien machen?
Sollte ich meine Lehren ändern? Sollte ich meine Ansichten
verwerfen? Sollte ich verbergen, woran ich als Wahrheit glaube? Nein! Da ich weiß, dass ich ein Erwählter Gottes bin, werde
ich den Menschen die Wahrheit Gottes geradewegs ins Gesicht
sagen, was auch immer sie entgegnen werden.« Nichts macht
einen Menschen so wahrhaft freimütig wie das Wissen, dass er
von Gott erwählt ist. Wer weiß, dass Gott ihn erwählt hat, wird
nicht zittern noch schlottern.

Außerdem macht die Erwählung uns *heilig*. Nichts anderes
kann einen Christen unter dem Wirken des Heiligen Geistes
heiliger machen als der Gedanke, dass er erwählt ist. »Sollte
ich sündigen«, sagt er, »wo Gott mich doch erwählt hat? Sollte
ich seine Gebote übertreten, wo er mich so geliebt hat? Sollte

ich von seinen Wegen abirren, wo er mir solche Güte und liebevolle Gnade erwiesen hat? Nein, mein Gott, da du mich erwählt hast, werde ich dich lieben. Ich will für dich leben, da du,
der ewige Gott, mir zum Vater geworden bist. Ich gebe mich
dir für immer hin, kraft deiner Erwählung und Erlösung. Ich
werfe mich auf dich und weihe mich feierlich deinem Dienst.«

Und nun zuletzt zu den Gottlosen. Was hat die Erwählung
euch zu sagen? Zuerst werde ich euch für einen Augenblick
entschuldigen. Viele von euch mögen die Erwählung nicht und
ich kann euch keinen Vorwurf daraus machen, denn manche
Prediger setzen sich gemütlich hin und erklären: »Für Sünder
habe ich kein einziges Wort zu sagen.« Ja, solche Predigt *sollte*
euch missfallen, und dafür mache ich euch keine Vorwürfe.
Doch ich sage: Fasse Mut, fasse Hoffnung, du Sünder, dass es
Erwählung gibt. Diese Lehre sollte dich nicht entmutigen und
niederdrücken, sondern ganz im Gegenteil ist die Erwählung
eine Tatsache, die Hoffnung weckt und äußerst erfreulich ist.
Was wäre, wenn ich dir sagen würde, dass vielleicht niemand
gerettet werden kann und niemand zum ewigen Leben verordnet ist? Würdest du nicht zittern und deine Hände in Ver-
zweiflung über dem Kopf zusammenschlagen und sagen: »Wie
kann ich dann errettet werden, wenn niemand erwählt ist?
Doch ich sage dir, dass eine unzählbare Menge erwählt ist, ja,
Scharen sind erwählt, die kein Sterblicher zu zählen vermag.

Deshalb fasse Mut, du armer Sünder! Lass das Zagen sein!
Kannst du nicht ebenso erwählt sein wie jeder andere auch?
Denn eine unzählbare Schar ist erwählt. Es gibt Trost und
Freude für dich! Und fasse nicht nur Mut, sondern geh hin zum
Meister und klopfe an. Bedenke: Solltest du nicht erwählt sein,
hast du nichts zu verlieren. Was sagten in 2. Könige 7 die vier
Aussätzigen? »Wenn wir hierbleiben, werden wir sterben. Lasst
uns ins Heerlager Arams überlaufen! Wenn sie uns am Leben
lassen, dann leben wir, und wenn sie uns töten, dann sterben
wir.«

O Sünder, komm zum Thron der erwählenden Gnade! Wenn
du bleibst, wo du bist, wirst du sterben. Geh zu Gott, und selbst
wenn er dich abweisen sollte, wenn seine erhobene Hand dich
wegtreiben würde – was unmöglich ist –, hast du nichts zu ver-

lieren und wirst dafür keinesfalls ein schwereres Gericht empfangen. Und nebenbei: Angenommen, du würdest verdammt, dann hättest du zumindest die Genugtuung, in der Hölle deine Augen zu erheben zu sagen: »Gott, ich habe dich um Gnade gebeten und du hast sie mir nicht gewährt; ich habe Gnade gesucht, und du hast sie mir verweigert.« Solches wirst du niemals sagen, Sünder! Wenn du zu ihm gehst und ihn bittest, wirst du empfangen, denn noch nie hat er jemanden abgewiesen. Ist das nicht hoffnungsvoll für dich? Es stimmt zwar, dass es eine festgesetzte Zahl von Erretteten gibt, aber es stimmt auch, dass alle, die suchen, zu dieser Zahl gehören. Mache dich auf und suche, und wenn du der erste sein solltest, der dennoch in die Hölle fährt, dann sage den Teufeln, dass du auf solche Weise verdammt wurdest. Sage den Dämonen, dass du verworfen wurdest, nachdem du als bußfertiger Sünder zu Jesus gekommen bist. Das würde den Ewigen entehren – mit Ehrfurcht gesagt –, und er würde so etwas niemals zulassen. Er eifert um seine Ehre und könnte keinen Sünder solches sagen lassen.

Aber, arme Seele, denke nicht nur daran, dass du nichts zu verlieren hast. Es gibt noch einen weiteren Gedanken: Liebst du jetzt die Lehre der Erwählung? Bist du bereit, ihre Gerechtigkeit einzugestehen? Sagst du: »Mir ist klar, dass ich verloren bin; ich verdiene es; und wenn mein Bruder gerettet wird, kann ich nicht darüber murren. Wenn Gott mich verdirbt, verdiene ich es. Aber wenn er meinen Nebenmann rettet, hat er das Recht, mit den Seinen zu tun, wie es ihm beliebt, und mir ist dabei kein Anrecht unterschlagen worden.« Kannst du das von Herzen sagen? Wenn ja, dann hat die Lehre der Erwählung ihre rechte Wirkung auf deinen Geist erzielt und du bist nicht mehr fern vom Reich der Himmel. Du bist dorthin gebracht worden, wo du sein solltest, wo der Heilige Geist dich haben will. Wenn das heute Morgen so ist, dann gehe hin in Frieden. Gott hat deine Sünden vergeben. Wenn dir nicht vergeben wäre, wenn nicht der Heilige Geist in dir wirkte, würdest du nicht so denken. Freue dich also darüber. Lass deine Hoffnung auf dem Kreuz Christi ruhen. Denk nicht weiter über Erwählung nach, sondern über Christus Jesus. Ruhe in Jesus – Jesus zuerst, in der Mitte und in Ewigkeit.

Wirksame Sühne*

Predigt Nr. 181, Sonntagmorgen, 28. Februar 1858,
in der Music Hall, Royal Surrey Gardens

»Gleichwie der Sohn des Menschen nicht gekommen ist, um bedient zu werden, sondern um zu dienen und sein Leben zu geben als Lösegeld für viele.«

Matthäus 20,28

Als ich zum ersten Mal auf dieser Kanzel stand und predigte, war meine Zuhörerschaft eine bunt zusammengewürfelte Gruppe von Menschen, die aus allen Straßen der Stadt gekommen waren, um das Wort Gottes zu hören. Damals war ich einfach ein Evangelist, der zu vielen Menschen sprach, die das Evangelium vorher noch nicht gehört hatten. Durch Gottes Gnade gab es eine wunderbare Veränderung und heute besteht meine Gemeinde – wie die jedes anderen Pastors in London –, aus regelmäßig kommenden Zuhörern. Von hier oben kann ich die Gesichter meiner Freunde beobachten, die seit vielen Monaten fast die gleichen Plätze einnehmen. Ich habe das Vorrecht und die Freude, dass die meisten Anwesenden nicht aus Neugier kommen, sondern meine beständigen Zuhörer sind.

Dadurch hat sich auch meine Rolle verändert. Von einem Evangelisten bin ich zu eurem Pastor geworden. Ihr wart einst eine bunt gemischte Gruppe, die mir zuhörte, aber jetzt sind wir durch das Band der Liebe miteinander verknüpft. Durch

---

* Eigentlich »begrenzte Sühne« (engl. *limited atonement*), was ein unglücklich gewählter Ausdruck ist und besagt, dass Christus nicht die Sünden aller Menschen, sondern nur die der Gläubigen stellvertretend gesühnt hat. Da es missverständlich ist, das Sühnungswerk als »begrenzt« zu bezeichnen, ziehen wir den Ausdruck »wirksame Sühne« vor, im Gegensatz zur arminianischen Vorstellung der »allgemeinen Sühne« für alle Menschen, die erst durch die Glaubensentscheidung wirksam wird.

diese Verbindung sind wir in gegenseitiger Liebe und Achtung zusammengewachsen. Ihr seid nun die Schafe meiner Weide und gehört zu meiner Herde. Es ist mein Vorrecht, hier Pastor zu sein, so wie im anderen Gemeindehaus, wo ich abends predige.

Da sich sowohl die Gemeinde als auch meine Rolle verändert haben, wird mir jeder zustimmen, dass sich auch die Unterweisung etwas ändern sollte. Ich hatte mir angewöhnt, euch die einfachen Wahrheiten des Evangeliums nahe zu bringen. Nur selten habe ich versucht, in geistliche Tiefen einzutauchen. Einen Bibeltext, den ich für meine Abendversammlung geeignet hielt, habe ich morgens bei euch nicht als Thema genommen. Es gibt viele hohe und geheimnisvolle Lehren, die ich an meinem eigenen Ort häufig behandelt habe. Hier jedoch habe ich mir nicht die Freiheit genommen, sie euch vorzustellen, da ihr euch nur gelegentlich unter dem Wort versammelt habt. Doch jetzt werde ich meinen Unterricht den veränderten Umständen anpassen. Ich möchte mich nicht auf die Lehre über den Glauben oder die Gläubigentaufe beschränken und nicht länger an der Oberfläche kratzen. Vielmehr möchte ich es unter Gottes Führung wagen, über weitere Grundlagen unseres Glaubens zu sprechen. Ich werde es nicht scheuen, über die Lehre der Souveränität Gottes zu predigen oder die Lehre der Auserwählung. Auch möchte ich nicht zurückschrecken vor der großen Wahrheit über das letztendliche Ausharren der Heiligen, noch die wirksame Berufung der Auserwählten Gottes verschweigen. Mit Gottes Hilfe will ich versuchen, euch, meiner Herde, nichts vorzuenthalten. Da ich nun weiß, dass viele von euch »geschmeckt haben, dass der Herr gütig ist«, werden wir uns befleißigen, alle Lehren der Gnade durchzunehmen, damit die Heiligen in ihrem heiligsten Glauben auferbaut werden.

Heute Morgen werde ich mit der Lehre der Erlösung beginnen: Christus gab sein Leben »als Lösegeld für viele«. Die Lehre der Erlösung ist eine der wichtigsten Glaubenslehren. Eine falsche Sicht führt unweigerlich zu einem falschen Verständnis des ganzen Glaubenssystems. Ihr wisst, dass es unterschiedliche Theorien über die Erlösung gibt. Alle Christen glauben, dass Christus kam, um Menschen zu erretten. Aber nicht alle glauben an die gleiche Art von Erlösung. Es gibt Unterschiede bezüglich des Wesens und des göttlichen Plans der Erlösung.

Zum Beispiel meinen die Arminianer, Christus habe mit seinem Tod nicht beabsichtigt, irgendeine bestimmte Person zu erretten. Sie lehren, Christi Tod an sich stelle nicht die Errettung irgendeines Menschen über jeden Zweifel erhaben sicher. Vielmehr glauben sie, dass Christus starb, um die Erlösung aller Menschen zu ermöglichen. Jeder Mensch könne, wenn es ihm beliebt und er etwas Weiteres tut, ewiges Leben erlangen. Folglich müssen sie vertreten, wenn der Wille des Menschen nicht freiwillig der Gnade die Tür öffne und sich ihr ergäbe, dann sei Christi Erlösungswerk vergeblich. Ihrer Auffassung nach beabsichtigte Christus mit seinem Tod keine besondere, persönliche Erlösung. Nach der Auffassung der Arminianer starb Christus ebenso für den verfluchten Judas wie für den erlösten Petrus. Sie glauben, dass für jene, die dem ewigen Feuer preisgegeben sind, eine ebenso echte und reale Erlösung zur Verfügung stand wie jenen, die jetzt vor dem Thron des Höchsten stehen.

Wir glauben jedoch nichts dergleichen. Unserer Meinung nach verfolgte Christus mit seinem Tod ein Ziel, das er mit absoluter Gewissheit und ohne jeden Zweifel erreicht hat. Wir beurteilen den Zweck des Todes Christi nach seinen Auswirkungen. Wenn man uns fragt: »Was bezweckte Christus mit seinem Tod?«, antworten wir mit einer Gegenfrage: »Was hat Christus mit seinem Tod bewirkt oder was wird er noch bewirken?« Denn wir meinen, dass das Ergebnis der Liebe Christi genauso groß ist wie der Zweck dieser Liebe. Wir können nicht unseren Verstand belügen und annehmen, die Absicht des allmächtigen Gottes könnte vereitelt werden oder etwas so Großartiges wie das Sühnopfer könne irgendwie sein Ziel verfehlen. Wir geben freimütig zu, dass wir glauben, dass Christus mit der Absicht in diese Welt kam, »eine Volksmenge, die niemand zählen kann« (Offb 7,9) zu erretten. Das Ergebnis ist, so glauben wir, dass jeder, für den er starb, unbedingt von seinen Sünden gereinigt werden muss, um, gewaschen im Blut, vor dem Thron des Vaters zu stehen. Wir glauben nicht, dass

Christus eine wirksame Erlösung für jene erkauft hat, die für immer verdammt sind. Wir wagen nicht daran zu denken, das Blut Christi sei mit der Absicht vergossen worden, jene zu retten, von denen Gott im Voraus wusste, dass sie niemals errettet werden können und von denen einige sogar schon in der Hölle waren, als Christus – wie manche meinen – für sie starb.

Ich habe gerade unsere Ansicht von der Erlösung dargelegt und die Unterschiede angedeutet, die zwischen den beiden großen Gruppen von bekennenden Christen bestehen. Jetzt möchte ich euch die Größe der Erlösung Jesu Christi vorstellen. Mit der Hilfe des Geistes Gottes hoffe ich, euch den ganzen Erlösungsplan darzulegen, damit wir ihn alle verstehen, auch wenn ihn nicht alle annehmen können. Denn ihr müsst bedenken, dass einige von euch die von mir behaupteten Dinge womöglich anfechten könnten, aber ihr wisst ja, dass mir das nichts ausmacht. Ich werde jederzeit das lehren, was ich für wahr erachte, ohne mich von irgendjemanden hindern zu lassen. Ihr habt die gleiche Freiheit, eure Ansichten in euren Gemeinden zu predigen, so wie ich das Recht beanspruche, meine Sichtweise vollständig und ohne zögern zu lehren.

Jesus Christus gab sein Leben »als Lösegeld für viele« und er hat uns mit diesem Lösegeld eine große Erlösung erkauft. Um die Größe dieser Erlösung aufzuzeigen, werde ich fünf Punkte herausgreifen. Zunächst wird ihre Größe deutlich durch *unsere abscheuliche Sünde*, von der er uns befreit hat; zweitens bewerten wir seine Erlösung anhand *der Gerechtigkeit Gottes*; drittens aufgrund *des Preises, den er bezahlte*, d. h. der Qualen, die er ertrug; der vierte Punkt ist *die Befreiung, die er uns brachte*; und zuletzt werden wir uns befassen mit *der enormen Menge, denen diese Erlösung gilt* – in unserem Bibeltext als »viele« beschrieben.

1. Gemessen an unseren Sünden ist die Erlösung groß

Meine Brüder, schaut einen Augenblick auf den tiefen Abgrund, aus dem ihr heraufgeholt, und auf den Fels, aus dem ihr gehauen wurdet. Die ihr gewaschen, gereinigt und geheiligt seid, haltet einen Moment inne und blickt auf euren damaligen Zustand zurück: auf die Sünden, denen ihr euch hingegeben hattet, auf die Verbrechen, in die ihr hineingerannt wart und auf die permanente Rebellion gegen Gott, in der zu leben ihr gewohnt wart. Eine einzige Sünde kann einen Menschen für immer ruinieren. Der menschliche Verstand vermag nicht zu erfassen, welch unendliches Übel in einer einzelnen Sünde lauert. In auch nur einer Übertretung steckt unendliche Schuld gegenüber der Majestät des Himmels. Wenn du und ich auch nur einmal gesündigt hätten, wäre schon ein Sühnopfer von unendlichem Wert nötig gewesen, um die Sünde abzuwaschen und Genugtuung dafür zu leisten.

Aber haben wir nur einmal gesündigt? Nein, meine Brüder, unsere Missetaten sind zahlreicher als die Haare auf unserem Kopf; sie haben bei weitem die Vorherrschaft über uns. Wir könnten ebenso versuchen, den Sand am Meer zu zählen oder die Summe aller Wassertropfen im Ozean, wenn wir die Sünden zählen wollten, die unser Leben geprägt haben. Lasst uns in die Kindheit zurückgehen. Wie früh haben wir mit der Sünde begonnen! Wie oft waren wir unseren Eltern ungehorsam und haben unseren Mund dann voller Lügen genommen! Wie dreist und eigenwillig waren wir in unserer Kindheit! Dickköpfig und leichtfertig bevorzugten wir unsere eigenen Wege und durchbrachen alle Grenzen, die unsere gottesfürchtigen Eltern uns setzten.

Auch in unserer Jugendzeit wurden wir nicht vernünftig. Viele von uns haben sich wild in den Tanz der Sünde hineingestürzt. Wir wurden zu Experten der Sünde; wir sündigten nicht nur, sondern leiteten auch andere dazu an. Und als Erwachsene, in der Blüte unserer Jahre, mögen wir äußerlich anständig gewesen sein und etwas Abstand von den Ausschweifungen der Jugend genommen haben, aber wie wenig haben wir uns gebessert! Sofern uns die souveräne Gnade Gottes nicht wiedergeboren hat, sind wir heute kein Stück besser als einst. Und selbst wenn die Gnade in uns zu wirken begonnen hat, haben wir noch immer Sünden zu bekennen, denn wir alle müssen unseren Mund schließen, Asche über unser Haupt werfen und ausrufen: »Unrein! Unrein!«

Und ihr, die ihr euch müde auf euren Stab lehnt, die Stütze eures Alters, sind eure Kleider nicht immer noch befleckt von Sünden? Ist euer Leben etwa so rein wie das schneeweiße Haar, das euer Haupt krönt? Fühlt ihr nicht immer noch, dass eure Kleider von Übertretungen beschmiert und alles andere als makellos sind? Wie oft steckt ihr heute noch im Dreck, bis eure Kleidung euch anekelt? Schaut zurück auf die sechzig, siebzig oder achtzig Jahre, während der Gott euer Leben bewahrt hat. Könnt ihr es einen Augenblick für möglich halten, eure unzähligen Übertretungen zu zählen oder das Gewicht eurer Verbrechen zu ermessen?

O, ihr Sterne des Himmels! Die Astronomen mögen zwar eure Entfernung und euer Gewicht berechnen, aber o, ihr Sünden der Menschen!, ihr übersteigt jegliche Vorstellungskraft! O, ihr ragenden Berge! Ihr Heimat der Stürme, Geburtsstätten des Unwetters, euch mag der Mensch erklimmen und überwältigt auf euren schneebedeckten Gipfeln stehen, doch o, ihr Sündenberge! Ihr ragt in luftigere Höhen als unsere Gedanken gehen. O, ihr gähnenden Abgründe der Sünde, ihr seid tiefer als unsere Fantasie hinabzutauchen wagt.

Werft ihr mir nun etwa vor, ich würde die Natur des Menschen schlecht machen? Dann kennt ihr sie wohl nicht. Hätte Gott euch euer Herz offenbart, würdet ihr mir zustimmen, denn ich übertreibe noch lange nicht, vielmehr sind meine armseligen Worte zu schwach, um eure hoffnungslose Boshaftigkeit zu beschreiben. O, wenn wir uns heute ins Herz schauen könnten, wenn ihr eure Augen nach innen richten könntet, um die Bosheit zu sehen, die wie mit einem Diamanten in unsere steinernen Herzen graviert ist, dann würden wir zum Prediger sagen, dass er beim Beschreiben der schrecklichen Größe unserer Schuld niemals übertreiben kann.

Wie groß muss dann erst Christi Lösegeld sein, wenn er uns von all diesen Sünden erlöst hat! Wie groß die Sünde derer, für die Jesus starb, auch sein mag, so werden sie doch, wenn sie glauben, von all ihren Sünden gerechtfertigt. Auch wenn sie jedem Laster gefrönt haben und allen Begierden nachgegangen sind, zu denen Satan sie verführen konnte und zu denen die menschliche Natur imstande war, wird all ihre Schuld abgewaschen, wenn sie zum Glauben kommen. Ein Jahr nach dem anderen hat sie in Finsternis gekleidet, bis sie tiefschwarz von Sünde waren. Aber in einem Augenblick des Glaubens, einem triumphalen Moment des Vertrauens in Christus, nimmt die wunderbare Erlösung die ganze Schuld noch so vieler Jahre weg. Nein, noch mehr: Wäre es möglich, dass ein einzelner Mensch all der Sünden schuldig wäre, die die Menschen seit Anbeginn der Welt und Zeit in Gedanken, Worten und Werken getan haben, dann würde das große Erlösungswerk noch immer ausreichen, um all diese Sünden wegzunehmen und diesen Sünder weißer zu waschen als frischen Schnee.

O, wer kann die Größe der Allgenugsamkeit des Heilands ermessen? Bedenke zuerst, wie hoch die Sünde ragt und dann siehe: Wie die Sintflut alle Gipfel bedeckte, so überdeckt die Flut von Christi Erlösung die Gipfel unserer Sündenberge. In den Höfen des Himmels befinden sich jetzt ehemalige Mörder, Diebe, Trinker, Ehebrecher, Gotteslästerer und Christenverfolger; aber sie sind gewaschen und geheiligt worden. Fragte man sie, woher sie ihre weißen Gewänder haben und woher ihre Reinheit kommt, so würden sie mit vereinter Stimme sagen, dass sie ihre Kleider im Blut des Lammes rein gewaschen haben. O, ihr mit belastetem Gewissen, ihr Mühseligen und Beladenen, die ihr unter der Menge eurer Sünden stöhnt: Die große Erlösung, die euch jetzt verkündet wird, stillt allen euren Mangel und ist alles, was ihr braucht. Und obwohl eure zahlreichen Sünden mehr sind als die Sterne des Himmels, gibt es hier die Sühnung für sie alle – einen Strom, der sie alle überflutet und sie für immer fortschwemmt. Das ist der erste Punkt der Sühnung – die Größe unserer Schuld.

2. Gemessen an Gottes strengem Gericht ist die Erlösung groß

Gott ist Liebe, er liebt immer, aber das tut keinerlei Abbruch an meiner nächsten Aussage: *Gott ist streng gerecht* und handelt mit den Menschen unbeugsam ernst. Der Gott der Bibel ist nicht der Gott, den sich manche vorstellen. Sie meinen, er würde sich so wenig aus Sünde machen, dass er einfach darüber hinwegsieht, ohne eine Strafe für sie zu fordern. Der Gott der Bibel ist nicht der Gott derer, die glauben, unsere Übertretungen seien so läppische Kavaliersdelikte, dass der Gott des Himmels ein Auge zudrückt und sie einfach vergisst.

Nein, Jahwe, der Gott Israels, hat von sich gesagt: »Denn ich, der HERR, dein Gott, bin ein eifersüchtiger Gott«, »der Schuld, Vergehen und Sünde vergibt, aber keineswegs ungestraft lässt« (2Mo 20,5; 34,7), und: »Die Seele, die sündigt, sie soll sterben« (Hes 18,4). Meine Freunde, lernt Gott so zu betrachten, als sei er in seinem Gericht nur streng ohne Liebe, und als sei er doch nur liebevoll ohne Strenge. Weder verringert seine Liebe seine Gerechtigkeit, noch greift seine Gerechtigkeit auch nur im Geringsten seine Liebe an. Diese beiden Wesensmerkmale sind auf wunderbare Weise im Sühneopfer Christi miteinander verbunden. Die ganze Fülle seines Opfers können wir jedoch erst dann verstehen, wenn wir zuerst die biblische Wahrheit über Gottes große Gerechtigkeit begriffen haben. Nie wurde ein böses Wort gesprochen, ein übler Gedanke hervorgebracht oder eine böse Tat verübt, die Gott nicht in irgendeiner Weise bestrafen wird. Die Genugtuung dafür wird er entweder von dir verlangen oder von Christus. Wenn du keine Sühnung durch Christus vorzuweisen hast, wirst du die Schuld bezahlen müssen, für die du die ganze Ewigkeit lang nicht aufkommen kannst. Denn so gewiss Gott Gott ist, wird er eher seine Gottheit verlieren, als eine einzige Sünde oder einen Funken Rebellion ungestraft durchgehen zu lassen.

Du magst sagen, dass diese Seite Gottes kalt, streng und hart sei. Ich kann nichts daran ändern – es ist wahr. So ist der Gott der Bibel. Und obgleich wir immer wieder bestätigen, dass er Liebe ist, so ist die Wahrheit seiner Liebe nicht wahrer als seine vollkommene Gerechtigkeit. Denn in Gott verbindet sich alles Gute und erlangt Vollkommenheit: Während die Liebe vollendete Lieblichkeit erreicht, gipfelt die Gerechtigkeit in ihm in absoluter Unbeugsamkeit. In seinem Wesen findet sich kein Makel, kein Kompromiss; keine Eigenschaft ist so vorherrschend, dass sie einen Schatten auf die anderen würfe. Seine Liebe kommt uneingeschränkt zur Geltung, und auch seine Gerechtigkeit ist nicht weniger ausgeprägt als seine Liebe.

O, meine Lieben, wie groß muss dann Christi Opfer an unserer statt gewesen sein, wenn es Gott Genugtuung gab für alle

Sünden der Gläubigen! Für die Sünden des Menschen verlangt
Gott ewige Bestrafung und er hat eine Hölle vorbereitet, in die
er jene wirft, die unbußfertig sterben. Meine Brüder, könnt ihr
erdenken, wie groß dieses Lösegeld gewesen sein muss, welches
die Qual aufwog, die Gott uns auferlegt hätte, wenn er sie nicht
über Christus gebracht hätte? Schaut, schaut mit ehrfürchtigem
Blick durch den Vorhang, der uns von der jenseitigen Welt der
Geister trennt, und seht diesen Ort des Elends, der Hölle genannt wird. Ihr könnt den Anblick nicht ertragen. Bedenkt,
dass dort Menschenseelen auf ewig ihre Schuld gegenüber der
Gerechtigkeit Gottes bezahlen. Doch obwohl einige von ihnen
schon viertausend Jahre in den Flammen verschmachten, sind
sie einer Begleichung nicht näher als zu Anfang. Und wenn
zehntausend mal zehntausend Jahre vergangen sind, werden
sie ihre Schuld gegenüber Gott genauso wenig abbezahlt haben wie heute.

Jetzt habt ihr eine Ahnung von der Größe der Mittlerschaft
unseres Erlösers. Er bezahlte eure Schuld und zahlte sie ganz
auf einmal, sodass Christi Volk jetzt Gott keinen einzigen Pen-
ny mehr schuldet, sondern nur noch Liebe. Der Gerechtigkeit schuldet der Gläubige jetzt nichts mehr, obwohl er ihr ur-
sprünglich so viel schuldete, dass die Ewigkeit zur Bezahlung
nicht ausgereicht hätte. Doch Christus bezahlte alles am Kreuz,
sodass der Gläubige durch das Werk Jesu von aller Schuld gerechtfertigt und von der Strafe befreit ist. Bedenkt daher, wie
groß seine Erlösung ist, da er all dies getan hat.

An dieser Stelle muss ich kurz unterbrechen und etwas anderes einschieben. Manchmal legt Gott, der Heilige Geist, den
Menschen die Strenge der Gerechtigkeit auf ihr eigenes Gewissen. Hier ist heute jemand unter uns, der gerade von seiner
Schuld bis ins Herz getroffen ist. Einst war er ein ausschwei-
fender Freigeist, an niemanden gebunden, aber jetzt steckt der
Pfeil des Herrn fest in seinem Herzen und er unterliegt einer
Sklaverei, die schlimmer ist als die in Ägypten. Er erzählt mir,
seine Schuld verfolge ihn überall. Der Negersklave könnte, vom
Polarstern geleitet, seinem grausamen Herrn entkommen und
in ein anderes Land fliehen, wo er frei wäre, aber dieser Mann
hat den Eindruck, er könnte die ganze Welt durchziehen, ohne

seiner Schuld zu entkommen. Wer mit eisernen Ketten gefesselt ist, kann sich mit einer Feile befreien, doch dieser Mann
erzählt dir, dass er es mit Gebeten, Tränen und guten Werken
versucht habe, sich aber seiner Fesseln nicht entledigen konnte.
Er fühlt sich als verlorener Sünder, und Befreiung scheint ihm
unmöglich, was immer er auch tut.

Der Gefangene im Kerker genießt bisweilen wenigstens Ge-
dankenfreiheit, auch wenn sein Körper eingesperrt ist. Sein
Geist entflieht den Gefängnismauern und fliegt zu den Sternen,
frei wie ein Adler, den niemand einsperrt. Doch dieser Mann
ist in seinen Gedanken ein Sklave; er kann keinen einzigen
heiteren, fröhlichen Gedanken fassen. Seine Seele ist niedergedrückt; die Ketten haben seinen Geist gefesselt und er wird
aufs Äußerste geplagt. Der Häftling vergisst seine Gebunden-
heit manchmal beim Schlafen, aber dieser Mann findet keinen
Schlaf: Nachts träumt er von der Hölle und am Tag scheint er
sie zu fühlen. Sein Herz ist wie ein brennender Feuerofen und
was er auch tut, kann er das Feuer nicht löschen. Er wurde kon-
firmiert, er wurde getauft; er nimmt das Abendmahl; er geht
regelmäßig zur Kirche oder in eine Gemeinde; er befolgt alle
Anweisungen und gehorcht jeder Vorschrift – aber das Feuer
brennt noch immer. Sein Geld gibt er den Armen, seinen Leib
gibt er in den Tod, er speist die Hungrigen, besucht die Kranken und bekleidet die Nackten, aber das Feuer brennt weiter in
ihm, und er kann nichts tun, um es zu löschen.

O, ihr Söhne von Überdruss und Drangsal, was ihr fühlt,
ist Gottes Gerechtigkeit, die euch verfolgt. Freue dich darüber,
denn jetzt verkündige ich dir das herrliche Evangelium Gottes.
Du bist der Mensch, für den Jesus Christus starb; für dich hat
er der strengen Gerechtigkeit Gottes Genüge getan. Und nun
musst du, damit dein Gewissen Frieden findet, deinem dich
verfolgenden Widersacher nur noch sagen: »Schau dorthin!
Christus starb für mich. Meine guten Werke halten dich nicht
auf, meine Tränen genügen dir nicht. Schau dorthin! Dort steht
das Kreuz, dort hängt der blutende Gott! Höre seinen Todes-
schrei! Sieh ihn sterben! Ist dir jetzt nicht Genüge getan?« Und
wenn du das getan hast, wirst du den Frieden Gottes haben,
der allen Verstand übersteigt und dein Herz und Verstand wer-

den bewahrt in Jesus Christus, deinem Herrn. Dann wirst du
die Größe seiner Erlösung erkennen.

3. Gemessen an dem Preis, den Christus zahlte, ist die Erlösung groß

Wir können nicht ermessen, wie groß die Todesleiden unseres
Heilands waren, aber wenn wir sie betrachten und einen vagen
Einblick bekommen, erlangen wir ein wenig Vorstellung davon, welch hohen Preis er für uns bezahlte. O Jesus, was kann
deine Qual beschreiben?

> Lamm, verwundet und beladen,
> heimgesucht mit schwerem Leid,
> dich traf unser aller Schaden,
> uns're Ungerechtigkeit.

> In den Tod hast du ein Leben
> ausgeschüttet ganz und gar;
> deine Seele ward gegeben
> für die Schuld auf dem Altar.

> Aus den Gluten, aus dem Feuer,
> deiner Leiden ging hervor,
> Wohlgeruch so süß und teuer,
> welcher stieg zu Gott empor.*

O Jesus, du hast von Geburt an gelitten, warst ein Mann der
Schmerzen und mit Leiden vertraut! Deine Leiden kamen unaufhörlich über dich, bis zur letzten schrecklichen Stunde der
Finsternis. Dann brachen deine Qualen nicht wie ein Schauer
über dich herein, sondern wie ein Wolkenbruch, ein reißender
Strom, ein Wasserfall voller Schmerz. Seht, wie er in der kalten
Nacht im Freien ist und nicht schläft, sondern im Gebet wacht.
Hört sein Stöhnen! Rang je ein Mensch so sehr wie er? Schaut

---

* Im Original findet sich statt diesem Lied aus den deutschen »Geistlichen
Liedern« das Lied »Come, all ye Springs«.]

ihm ins Antlitz! Stand je einem Menschen solche Qual ins Gesicht geschrieben? Hört seine Worte: »Meine Seele ist sehr betrübt, bis zum Tod.« Er erhebt sich, wird von den Verrätern ergriffen und abgeführt.

Lasst uns an den Ort gehen, wo er sich gerade noch in rin-
gendem Kampf befand. Was sehen wir dort auf der Erde? Es ist
Blut! Woher stammt es? Hatte er eine Wunde, die durch seinen
furchtbaren Kampf wieder aufbrach? Nein. »Es wurde aber
sein Schweiß wie große Blutstropfen, die auf die Erde herab-
fielen.« Seine Qualen übertrafen alles, wofür dieses Wort je benutzt wurde. Seine Leiden können nicht in Worte gefasst werden. Was war es, das dem Heiland so zu schaffen machte, dass
sein Schweiß wie Blutstropfen von seinem Körper rann? Dies
ist der Anfang seiner schlimmsten Leidensstunden. Folge ihm
wehklagend, du trauernde Gemeinde, um Zeuge der Vollen-
dung seiner Leiden zu werden. Er wird durch die Straßen getrieben, von der einen Anklagebank zur nächsten gezerrt und
vom Synedrium verurteilt. Von Herodes wird er verspottet und
von Pilatus verhört, dann wird sein Urteil verkündet: »Er werde gekreuzigt!«

Dann erreicht die Tragödie ihren Höhepunkt. Sein Rücken
wird entblößt, er wird an eine Säule gefesselt, und die Wider-
haken der Geißel werden Schlag auf Schlag in seinen Rücken
getrieben. Bald ist sein Rücken über und über von Blut über-
strömt – ein dunkelrotes Gewand, das ihn zum König der
Schmerzen ausruft. Sie verbinden ihm die Augen, schlagen ihn
und fragen: »Weissage, wer ist es, der dich schlug?« Sie spuck-
en ihm ins Gesicht, flechten eine Dornenkrone und drücken
sie ihm gegen seine Schläfen. Sie werfen ihm ein Purpurge-
wand um, knien vor ihm nieder und verhöhnen ihn. Schwei-
gend sitzt er da und spricht kein Wort. »Der, geschmäht, nicht
wieder schmähte«, sondern sich dem übergab, dem zu dienen
er gekommen war. Und nun greifen sie ihn und treiben ihn
unter lautem Gejohle und Hohngelächter durch die Straßen.
Von beständigem Fasten ausgezehrt und durch den inneren
Kampf niedergedrückt, bricht er unter seinem Kreuz zusammen. O, Töchter Jerusalems! Auf euren Straßen stürzt er hin.
Sie richten ihn auf und legen sein Kreuz auf die Schultern

eines anderen. Sie drängen ihn, weiter zu gehen, vielleicht mit
Speerstichen, bis er schließlich den verhängnisvollen Hügel
erreicht. Brutale Soldaten packen ihn und schmeißen ihn auf
den Rücken. Der Querbalken wird unter ihn gelegt und seine
Arme werden bis auf das nötige Maß gestreckt. Sie nehmen
die Nägel, und vier Hammerschläge treiben im Nu vier Nägel
in die empfindsamsten Stellen seines Körpers. Dort liegt er an
seiner Hinrichtungsstätte, um am Kreuz zu sterben. Noch ist
es nicht vorbei. Die rohen Soldaten richten das Kreuz auf dem
vorgesehenen Sockel auf; es rutscht in die Vertiefung und
wird mit Erde befestigt. Dort steht es.

Aber schaut auf die Gliedmaßen des Heilands, wie sie zittern! Als das Kreuz aufgerichtet wurde, wurde jeder Knochen
ausgerenkt! Wie er weint! Wie er ächzt und stöhnt! Nein, hört
vielmehr, wie er zuletzt im Todeskampf ruft: »Mein Gott,
mein Gott, warum hast du mich verlassen?« O Sonne, kein
Wunder, dass du deine Augen verschlossest und einer solch
grauenvollen Tat nicht länger zusehen konntest! O ihr Felsen,
kein Wunder, dass ihr zerschmolzet und eure Herzen vor Mit-
gefühl zerrisset, als euer Schöpfer starb. Nie hat ein Mensch
so gelitten wie dieser. Sogar der Tod selbst ließ sich erweichen
und aus den Gräbern erstanden viele auf und kamen in die
Stadt Jerusalem.

Das war jedoch nur das äußere Geschehen. Glaubt mir,
Brüder, was im Inneren unseres Herrn geschah, war noch viel
schlimmer. Was unser Heiland an seinem Körper ertrug, war
nichts im Vergleich zum Leid seiner Seele. Wir können nicht
ermessen, was er innerlich erlitt. Stellt euch für einen Moment
vor – um einen häufig von mir gebrauchten Vergleich zu zitie-
ren – stellt euch einen Menschen in der Hölle vor und nehmt
an, seine ewige Strafe könne konzentriert in einer einzigen
Stunde über ihn gebracht werden; und dann stellt euch vor,
diese Qual könnte multipliziert werden mit der unzählbaren
Zahl aller Erlösten. Könnt ihr euch jetzt vorstellen, welch
gewaltige Summe an Qualen alle Gläubigen durchmachen
müssten, wenn sie in alle Ewigkeit bestraft würden? Bedenkt,
dass Christus eine Strafe erleiden musste, die der Summe aller
ewigen Höllen eines jeden Erlösten entsprach. Ich kann die-

sen Gedanken nicht besser ausdrücken, als mit diesen oft zitierten Worten: Es war, als würde die Hölle in seinen Kelch gegossen; er nahm ihn und mit einem schrecklichen Schluck der Liebe verschlang er die Verdammnis bis auf den letzten Tropfen. Für die Seinen blieb somit nichts von den Qualen und Leiden der Hölle übrig. Ich sage nicht, dass er das gleiche ertrug, sondern etwas Gleichwertiges. Er leistete Gott Genugtuung für alle Sünden all der Seinen und brachte Gott folglich den entsprechenden Gegenwert für ihre gesamte Strafe dar. Könnt ihr nun die große Erlösung unseres Herrn Jesus Christus erahnen?

4. Gemessen an der glorreichen Befreiung, die Christus bewirkt hat, ist die Erlösung groß

Beim diesem Punkt möchte ich mich kurz fassen. Stehe von deinem Platz auf, du Gläubiger, und bezeuge heute die Größe dessen, was der Herr für dich getan hat! Ich will es dir erklären. Ich möchte deine und meine Erfahrung in nur einem Atemzug beschreiben. Vorher war meine Seele mit Sünden belastet; ich hatte ernsthaft gegen Gott rebelliert. Die Schrecken des Gesetzes hatten mich ergriffen; ich wurde überführt und erkannte meine Schuld. Ich blickte zum Himmel hinauf und sah einen zornigen Gott, der mich bestrafen wollte. Dann erkannte ich unter mir eine gähnende Hölle, die mich verschlingen wollte. Ich versuchte, mein Gewissen durch gute Taten zu beruhigen, doch alles vergebens. Ich bemühte mich, religiöse Zeremonien einzuhalten, um meine Gewissensbisse zu beschwichtigen, doch nichts half. Meine Seele war zutiefst betrübt, fast bis zum Tode. Mit Hiob hätte ich sagen können: »Meine Seele zieht Erstickung vor, hat den Tod lieber als meine Gebeine.« Die eine große Frage verwunderte mich immer: »Ich habe gesündigt; Gott muss mich bestrafen. Wie kann er gerecht sein, wenn er mich aber nicht bestraft? Und da er gerecht ist, was wird aus mir werden?«

Schließlich richtete sich mein Blick auf die wunderbaren Worte: »Das Blut Jesu, seines Sohnes, reinigt uns von jeder Sünde.« Ich nahm diese Worte mit in meine Kammer, saß dort und sann über sie nach. Ich sah jemanden am Kreuz hängen; es war mein Herr Jesus. Dort waren die Dornenkrone und die Zeichen beispielloser, unvergleichlicher Qual. Ich schaute ihn an und dachte an die Worte: »Das Wort ist gewiss und aller Annahme wert, dass Christus Jesus in die Welt gekommen ist, Sünder zu erretten.«

Dann sagte ich zu mir selbst: Starb dieser Mann für Sünder? Dann starb er für mich, denn ich bin ein Sünder. Er wird die erretten, für die er starb. Er starb für Sünder; ich bin ein Sünder. Er starb für mich; er wird mich retten. Meine Seele stützte sich auf diese Wahrheit. Ich blickte auf ihn und als ich sein erlösendes Blut fließen sah, freute ich mich, denn ich konnte sagen:

> Ich komme nur mit leerer Hand,
> bei deinem Kreuz ich alles fand,
> nackt und hilflos schau ich an,
> den, der aus Gnade retten kann.
> Schwarz von Sünd' flieh ich zur Quell',
> Wasch mich, Heiland, rein und hell.

Und nun, lieber Christ, erzähle du den Rest. Berichte von dem Augenblick, als du zum Glauben kamst, als dir die Last von den Schultern fiel und du dich leicht wie Luft fühltest. Statt Dunkelheit hattest du Licht; anstatt von Dreck beschwerter Kleider bekamst du ein Lobesgewand. Wer kann deine Freude seitdem beschreiben? Auf der Erde hast du himmlische Lieder gesungen und in deiner friedevollen Seele den ewigen Sabbat der Erlösten erwartet. Weil du glaubtest, bist du in die Ruhe eingegangen. Ja, erzähle es der ganzen Welt, dass die, die an Jesu Tod glauben, gerechtfertigt worden sind von all den Dingen, von denen sie durch Gesetzeswerke nicht erlöst werden konnten. Erzähle es im Himmel, dass niemand Gottes Auserwählten etwas zur Last legen kann. Erzähle es auf der Erde, dass Gottes Erlöste von der Sünde befreit sind. Sage es sogar der Hölle, dass Gottes Auserwählte nie dort hinkommen werden, denn Christus ist für sie gestorben. Wer sollte sie nun noch verdammen können?

5. Gemessen am beabsichtigten Wirkungsbereich ist die Erlösung groß

Dieses ist der wunderbarste Punkt von allen. Unser Bibeltext sagt uns, Jesus Christus kam in die Welt, um »sein Leben zu geben als Lösegeld für *viele*.« Die Größe der Erlösung Christi kann anhand des *beabsichtigten Wirkungsbereiches* beurteilt werden. Er gab sein Leben »als Lösegeld für viele«. Ich muss noch einmal auf diesen kontroversen Punkt zurückkommen. Wir werden gewöhnlich als »Calvinist« bezeichnet, was uns nicht sonderlich beschämt, denn Calvin kannte das Evangelium wohl besser als jeder nicht inspirierte Mensch.

Man hält uns oft vor, wir würden die Sühne Christi begrenzen, weil wir sagen, dass Christus nicht für alle Menschen Genugtuung geleistet hat und dass ansonsten alle Menschen gerettet würden. Darauf antworten wir: Ganz im Gegenteil – nicht wir begrenzen die Sühne, sondern die Gegenpartei begrenzt sie. Die Arminianer sagen, Christus sei für alle Menschen gestorben. Aber frage sie, was sie damit meinen. Starb Christus, um die Errettung aller sicherzustellen? »Nein, gewiss nicht«, erwidern sie. Wir stellen die nächste Frage: Starb Christus, um die Errettung überhaupt irgendeines bestimmten Menschen sicherzustellen? Wiederum verneinen sie. Konsequenterweise müssen sie das verneinen. Sie sagen: »Nein, Christus starb, damit jeder Mensch errettet werden kann, wenn ...« Und darauf folgen dann bestimmte Bedingungen für die Errettung.

Wir sagen: Lass uns noch Mal auf die vorherige Behauptung zurückkommen: »Christus starb nicht, um die Errettung von irgendjemanden zweifelsfrei sicherzustellen, nicht wahr?« Als Arminianer musst du dem zustimmen, da du glaubst, dass ein Mensch, auch nachdem ihm vergeben wurde, aus der Gnade fallen und verloren gehen kann. Wer ist es also, der den Tod Christi begrenzt? Nun, du als Arminianer. Du sagst, dass Christus nicht starb, um die Errettung irgendeines Menschen absolut sicherzustellen. Entschuldige bitte – wenn du sagst, wir würden den Tod Christi begrenzen, müssen wir entgegnen: »Nein, werter Herr, du begrenzt ihn.« Wir glauben, Christus starb, um die Errettung einer riesig großen Zahl von Menschen absolut sicherzustellen, die durch seinen Tod nicht nur errettet werden könnten, sondern tatsächlich errettet sind, ja errettet sein müssen und unmöglich irgendwie gefährdet sind, doch nicht gerettet zu werden. Du magst gern deine Vorstellung von Sühne behalten. Doch dafür werden wir unsere nie aufgeben.

Nun, meine Lieben, wenn ihr jemanden über die so genannte »begrenzte Sühne« lachen hört, dann sagt ihm Folgendes: Die allgemeine Sühne ist wie eine große, breite Brücke, die den Fluss aber nur zur Hälfte überspannt. Sie sagt klipp und klar, dass sie nur den halben Weg verschafft; sie stellt die Errettung keines Menschen sicher. Nun, ich würde meinen Fuß lieber auf eine schmale Brücke setzen, die bis zur anderen Seite reicht, statt auf eine Brücke, die breit wie die Welt ist, aber nicht bis auf die andere Seite führt.

Man sagte mir, es sei meine Pflicht, zu predigen, alle Menschen seien erlöst; dafür nannte man mir sogar einen biblischen Beweis: »Der sich selbst als Lösegeld für alle gab, als das Zeugnis zur rechten Zeit« (1Tim 2,6). Das scheint wirklich ein sehr, sehr gutes Argument für die Gegenseite zu sein. Aber was ist zum Beispiel mit Aussagen wie den folgenden? »Die Welt ist ihm nachgegangen« (Joh 12,19). Ist die ganze Welt Christus nachgelaufen? »Da ging zu ihm hinaus Jerusalem und ganz Judäa ... und sie wurden von ihm im Jordanfluss getauft« (Mt 3,5). Wurde etwa ganz Judäa oder ganz Jerusalem im Jordan getauft? »Wir wissen, dass wir aus Gott sind, und die ganze Welt liegt in dem Bösen« (1Jo 5,19). Ist mit »die ganze Welt« jeder einzelne Mensch gemeint? Wie kann es dann sein, dass einige »aus Gott« waren? Worte wie »Welt«, »alle« und »ganz« werden in der Schrift auf sieben oder acht verschiedene Weisen benutzt. Nur sehr selten meint »alle« oder »ganz« wirklich jeden einzelnen Menschen. Die Worte werden in allgemeinem Sinn verwendet, um anzudeuten, dass Christus Menschen aus jedem Umfeld und Hintergrund erlöst hat – aus den Juden, aus den Heiden, Reiche, Arme. Er hat seine Erlösung nicht auf Juden oder Heiden beschränkt.

Um die Kontroverse zu beenden, möchte ich noch eine Frage beantworten. Sage mir: Für wen starb Christus nun wirklich? Beantworte mir einige wenige Fragen und ich werde dir sagen,

ob er für *dich* starb. Brauchst du einen Erlöser? Merkst du, dass
du einen Erlöser brauchst? Bist du dir heute Morgen deiner
Sünden bewusst? Hat dich der Heilige Geist von deinem verlorenen Zustand überführt? Dann starb Christus für dich und
du wirst errettet werden. Bist du dir heute Morgen bewusst,
dass du in dieser Welt keine Hoffnung hast außer Christus? Bist
du dir im Klaren, selber kein Sühnopfer bringen zu können,
das Gottes Gerechtigkeit Genüge tut? Hast du jegliches Selbst-
vertrauen aufgegeben? Und kannst du auf Knien sagen:»Herr,
rette mich oder ich komme um«? Dann starb Christus für dich.

Wenn du heute Morgen sagst:»Ich bin so gut, wie ich sein
sollte. Ich kann durch meine eigenen guten Werke in den Himmel kommen«, dann denke an Jesu Worte in der Bibel:»Ich bin
nicht gekommen, Gerechte zu rufen, sondern Sünder zur Buße.« So lange du in diesem Zustand bist, habe ich dir kein Sühnopfer anzubieten. Aber wenn du dich schuldig und erbärm-
lich fühlst, um deine Schuld weißt und bereit bist, Christus
als deinen einzigen Erlöser anzunehmen, dann kann ich dir
nicht nur mitteilen, dass du errettet werden kannst, sondern –
was noch besser ist – dass du errettet werden wirst. Wenn du
nichts mehr hast außer die Hoffnung auf Christus und bereit
bist, mit leeren Händen zu ihm zu kommen und ihn als dein
ein und alles anzunehmen, und dich zu nichts machst, dann
darfst du zu Christus aufschauen und sagen:»Du teures, blu-
tendes Lamm Gottes! Du hast für mich gelitten. Durch deine
Striemen ward mir Heilung und durch deine Leiden ward mir
Vergebung zuteil.« Dann wird dein Herz Frieden finden, denn
wenn Christus für dich gestorben ist, kannst du nicht verloren
gehen. Gott wird für eine Sache nicht zweimal strafen. Wenn
Gott Christus für deine Sünden bestraft hat, wird er dich nicht
bestrafen. Gottes Gerechtigkeit kann die Bezahlung nicht zuerst aus den blutenden Händen des Stellvertreters verlangen
und dann noch einmal aus meinen.

Wenn wir an Christus glauben, können wir heute vor den
Thron Gottes treten. Fragt man uns, ob wir schuldig sind, müssen wir sagen:»Ja, schuldig.« Aber wenn wir gefragt werden:
»Was hast du vorzubringen, damit du für deine Schuld nicht
bestraft wirst?«, können wir antworten:»Großer Gott, sowohl

deine Gerechtigkeit als auch deine Liebe garantieren, dass du uns nicht für unsere Sünden bestrafen wirst. Denn hast du nicht Christus an unserer statt für Sünde gestraft? Wie kannst du dann gerecht sein, ja, wie kannst du überhaupt Gott sein, wenn du Christus als Stellvertreter bestraft hast und hinterher den Menschen selbst nochmals bestrafst?«

Deine einzige Frage lautet: »Starb Christus für mich?« Darauf können wir nur antworten: »Das Wort ist gewiss und aller Annahme wert, dass Christus Jesus in die Welt gekommen ist, Sünder zu erretten.« Kannst du deinen Namen auf die Liste der Sünder setzen – nicht zu denen, die gerne Sünder sind, sondern zu jenen, die es spüren, beklagen, darüber trauern und deshalb Gnade suchen? Bist du ein Sünder? Ein Sünder, der das fühlt, weiß und bekannt hat? Du bist jetzt eingeladen zu glauben, dass Christus für dich gestorben ist, weil du ein Sünder bist. Werfe dich auf diesen großen, festen Felsen und finde ewige Sicherheit in dem Herrn Jesus Christus. Amen.

Die Unfähigkeit des Menschen

Predigt Nr. 182, Sonntagmorgen, 7. März 1858,
in der Music Hall, Royal Surrey Gardens

»Niemand kann zu mir kommen, wenn nicht der Vater, der mich ge-
sandt hat, ihn zieht.«

Johannes 6,44

»Zu Christus kommen« ist ein häufiger Ausdruck in der heiligen Schrift. Er bedeutet, dass ein Mensch seine Selbstgerech-
tigkeit und Sünden hinter sich lässt und auf den Herrn Jesus
Christus vertraut, um Christi Gerechtigkeit und sein Blut zur
Sühnung seiner Schuld zu empfangen. Zu Christus kommen
umfasst Buße, Selbstverleugnung und Glauben an den Herrn
Jesus Christus. Außerdem beinhaltet es so unerlässliche Dinge
wie den Glauben an die Wahrheit, ernstliches Gebet zu Gott,
Unterordnung unter die Grundsätze des Evangeliums sowie all
die Dinge, die die Erlösung des Menschen begleiten. Sich zu
Christus zu wenden, ist schlichtweg das Wichtigste zur Errettung des Sünders. Wer nicht zu Christus kommt, mag tun und
denken, was er will, er ist noch »voll bitterer Galle und in Ban-
den der Ungerechtigkeit«.

Sich zu Christus hinzuwenden, ist die erste Folge der Wiedergeburt. Die Seele wird nicht eher zum Leben erweckt, als
sie ihren verlorenen Zustand erkennt, darüber erschrickt, nach
einer Zuflucht sucht und sie in Christus findet, an ihn glaubt
und in ihm ruht. Wenn jemand nicht zu Christus kommt,
bleibt auch die Belebung der Seele aus, und wo diese fehlt, ist
der Mensch tot in Sünden und Vergehungen und kann nicht in
das Reich des Himmels eingehen. Diese Tatsache gefällt man-
chen gar nicht. Auch wenn einige meinen, ihre Hinwendung
zu Christus sei das Einfachste der Welt gewesen, erklärt unsere
Bibelstelle, dass es dem Menschen völlig unmöglich ist, so lan-

ge ihn der Vater nicht zum Sohn zieht. Über diesen Punkt wollen wir nun intensiver nachdenken. Zweifellos trifft das beim natürlichen Menschen immer auf Widerstand, aber manchmal ist es der erste Schritt, bevor er sich vor Gott beugt. Und wenn dies das Ergebnis eines schmerzhaften Prozesses ist, können wir die Schmerzen vergessen und uns über die herrlichen Folgen freuen.

Heute Morgen möchte ich als erstes herausstellen, worin die *Unfähigkeit des Menschen* besteht. Darauf folgt das *Ziehen des Vaters*. Was ist damit gemeint und wie wirkt es sich auf den Menschen aus? Enden möchte ich mit einem *Trost*, der sich aus diesem scheinbar trockenen und furchtbaren Text ergibt.

1. Die Unfähigkeit des Menschen

Die Bibelstelle sagt: »Niemand kann zu mir kommen, wenn nicht der Vater, der mich gesandt hat, ihn zieht.« Worin besteht diese Unfähigkeit? Wir können zuerst festhalten, dass es kein *körperliches* Defizit ist. Wären Körperbewegungen oder der Gebrauch der Füße für das Kommen zu Christus nützlich, hätten wir sicher die nötigen körperlichen Möglichkeiten dazu. Ich erinnere mich an die Worte eines törichten Antinomisten,[*] der glaubte, kein Mensch könne zum Haus Gottes gehen, wenn ihn der Vater nicht zieht. Nun war dieser Mann einfach dumm, denn ihm hätte klar sein müssen, solange ein Mensch lebt und zwei Beine hat, kann er ebenso leicht zum Haus Gottes wie zum Haus des Teufels gehen.

Wenn »zu Christus kommen« bedeutet, ein Gebet zu sprechen, fehlt dem Menschen diesbezüglich keine körperliche Voraussetzung, es sei denn er ist stumm. Beten kann er ebenso leicht wie Gott lästern. Mit der gleichen Leichtigkeit kann jemand ein geistliches oder ein weltliches Lied singen. Dem Menschen fehlen keine körperlichen Voraussetzungen, um zu Christus zu kommen. All das kann er in seiner körperlichen Kraft tun, die er ganz gewiss hat. Alle diese Aspekte der Er-

---

[*] Ein Antinomist ist jemand, der das Gesetz ablehnt.

rettung stehen ganz in der Macht des Menschen, ohne dass er dafür die Hilfe des Geistes Gottes benötigt.

Ebenso wenig ist ein *intellektueller* Mangel für diese Unfähigkeit verantwortlich. Ich kann ebenso leicht glauben, dass die Bibel wahr ist, wie ich das von jedem anderen Buch glauben kann. Wäre Glaube an Christus eine Sache des Verstandes, dann wäre ich ebenso in der Lage an ihn zu glauben wie an sonst irgendjemanden. Wenn seine Aussagen wahr sind, sagt ihr mir vergeblich, dass ich sie nicht glauben könne. Ich kann Christi Worten ebenso glauben, wie ich die Worte jedes anderen glauben kann. Dem Verstand fehlt die Fähigkeit nicht; rein verstandesmäßig kann der Mensch begreifen, dass Sünde Schuld ist, so wie er auch die Schuld eines Mordanschlags versteht. Mir ist es intellektuell ebenso möglich Gott zu suchen, wie gedanklich andere Zielsetzungen zu verfolgen. Ich besitze allen erforderlichen Verstand, sofern dieser für die Errettung überhaupt nötigt ist. Nein, niemand ist so unwissend, dass er sich mit fehlender Intelligenz für das Ablehnen des Evangeliums entschuldigen könne.

Der Defekt ist somit weder im Körper zu suchen noch in dem, was wir in der Theologie gemeinhin Verstand nennen. Der entscheidende Fehler findet sich nicht dort – wenngleich die Verdorbenheit des Verstandes letztendlich das Wesen der menschlichen Unfähigkeit ausmacht.

Erlaubt mir euch zu zeigen, wo diese Unfähigkeit des Menschen wirklich liegt. Sie liegt tief *in seiner Natur*. Durch den Sündenfall und unsere eigene Sünde wurde die Natur des Menschen so niederträchtig und verdorben, dass es ihm unmöglich ist, ohne die Hilfe Gottes, des Heiligen Geistes, zu Christus zu kommen. Wie seine Natur ihn daran hindert, zu Christus zu kommen, möchte ich mit folgendem Bild beschreiben: Seht das Schaf, wie es auf der Weide grast! Ihr werdet nie erleben, dass es Aas haben will; es könnte von Löwenfraß nicht leben. Betrachten wir nun einen Wolf. Ihr fragt, ob ein Wolf kein Gras fressen und ob er nicht genauso sanft und zahm sein könnte wie ein Schaf. Nein, antworte ich, weil seine Natur dem entgegen steht. Ihr sagt: »Nun, er hat Ohren und Beine, kann er nicht die Stimme des Hirten hören und ihm überallhin folgen?« Sicher-

lich, antworte ich, es gibt keinen körperlichen Grund, weshalb
er es nicht tun könnte, aber seine Natur verbietet es ihm, und
deshalb sage ich, *er kann es nicht.* Kann er nicht gezähmt werden? Kann man ihm seine Wildheit nicht austreiben? Wahrscheinlich könnte sie so weit unterdrückt werden, dass er zahm
erscheint, doch wird zwischen ihm und dem Schaf immer ein
deutlicher Unterschied bestehen, weil sie verschiedene Na-
turen haben. Körperliche und geistige Voraussetzungen fehlen
dem Menschen nicht, um zu Christus zu kommen, sondern seine Natur ist so verdorben, dass er weder den Willen noch die
Kraft dazu hat, es sei denn, der Geist Gottes zieht ihn.

Aber lasst es mich mit einer besseren Illustration versuchen.
Da ist eine Mutter mit ihrem Baby in den Armen. Du drückst
ihr ein Messer in die Hand und sagst ihr, sie solle es ihrem
Säugling ins Herz stoßen. Sie antwortet wahrheitsgemäß: »Das
kann ich nicht.« Was ihre körperlichen Fähigkeiten betrifft, ist
sie dazu in der Lage. Auch Messer und Kind sind vorhanden.
Das Kind kann sich nicht wehren, und sie hat genügend Kraft
in der Hand, es ihm sofort ins Herz zu stoßen. Und doch hat
sie Recht, wenn sie sagt, dass sie es nicht tun kann. Rein verstandesmäßig wäre sie imstande, an die Tötung ihres Kindes
zu denken, und dennoch sagt sie, so etwas könne sie nicht tun.
Und sie sagt es nicht zu Unrecht, denn ihr Mutterherz rebelliert
gegen eine solche Tat. Einfach weil sie die Mutter dieses Kindes
ist, kann sie es nicht töten.

So ist es auch mit dem Sünder. Zu Christus zu kommen,
widerstrebt zu sehr der menschlichen Natur, obgleich er aufgrund seiner körperlichen und intellektuellen Kräfte dazu in
der Lage wäre, wenn er es wollte (doch diese Dinge spielen
bei der Errettung eine eher unbedeutende Rolle). Es ist durchaus richtig, dass der Mensch nicht zu Christus kommen kann
und will, solange ihn der Vater, der Christus gesandt hat, nicht
zieht. Im Folgenden möchte ich das Thema etwas genauer be-
leuchten, um euch die Details der menschlichen Unfähigkeit
aufzuzeigen.

1. Zum einen ist sie in der *Starrsinnigkeit des menschlichen Willens*
begründet. »O«, sagt der Arminianer, »die Menschen können

errettet werden, wenn sie wollen.« Wir entgegnen: »Mein lieber
Herr, das glauben wir alle, die Schwierigkeit liegt nur in dem
›*wenn sie wollen*‹. Wir behaupten, niemand *will* zu Christus kommen, es sei denn, er wird gezogen. Nein, nicht *wir* behaupten
es, sondern Christus selbst: ›Ihr wollt nicht zu mir kommen,
damit ihr Leben habt.‹ Und so lange die heilige Schrift sagt, ›*ihr
wollt nicht zu mir kommen*‹, sollten wir an keine Lehre glauben,
die die Freiheit des menschlichen Willens erklärt.«

Es ist seltsam, dass Leute über den »freien Willen« reden,
aber überhaupt nicht verstehen, wovon sie sprechen. »Nun«,
sagt jemand, »ich glaube, Menschen können errettet werden,
wenn sie wollen.« Mein lieber Herr, das wird hier nicht in Frage gestellt. Vielmehr fragen wir uns, ob Menschen von Natur
aus jemals gewillt sind, sich den demütigen Voraussetzungen
des Evangeliums Christi unterzuordnen. Mit biblischer Autorität sagen wir, dass der menschliche Wille verdorben ist und
so sehr zu allem Bösen neigt und ihm gleichzeitig alles Gute
so sehr widerstrebt, dass er ohne das mächtige, übernatürliche
und unwiderstehliche Wirken des Heiligen Geistes niemals zu
Christus gebracht werden kann.

Du wendest ein, manchmal seien Menschen auch ohne die
Hilfe des Heiligen Geistes gewillt. Ich frage dich: Bist du schon
einmal jemanden begegnet, auf den das zutraf? Mit Hunderten, nein, Tausenden von jungen und älteren Christen habe
ich verschiedene Meinungen ausgetauscht, aber mir war es nie
vergönnt jemanden zu treffen, der bestätigen konnte, dass er
von sich aus zu Christus kam, ohne gezogen zu werden. Das
allgemeine Bekenntnis aller wahren Gläubigen lautet: »Ich
weiß, hätte Jesus Christus mich nicht gesucht, als ich von Gott
getrennt war, so wäre ich auch heute noch weit von ihm ent-
fernt und sehr zufrieden damit.« Alle Gläubigen bestätigen die
Wahrheit, dass die Menschen nicht zu Christus kommen, bis
der Vater, der Christus gesandt hat, sie zieht.

2. Nicht nur der Wille des Menschen ist widerspenstig, sondern
auch sein *Verstand ist verfinstert*. Dafür liefert die Schrift eine
Vielzahl von Beweisen. Ich stelle hier keine leeren Behaup-
tungen auf, sondern führe Lehren der heiligen Schrift an, die

jedem Christen ins Gewissen geprägt sind: Der menschliche
Verstand ist so verfinstert, dass er die Dinge Gottes nicht verstehen kann, bis sein Verstand geöffnet wird. Von Natur aus ist
er blind dafür. Das Kreuz Christi mit all seinen Herrlichkeiten
stellt keinen Reiz für ihn dar. Weil er blind ist, kann er die
Schönheiten des Kreuzes nicht sehen. Sprich mit ihm über die
Wunder der Schöpfung, zeige ihm den farbenfrohen Regenbo-
gen, der sich über den Himmel erstreckt, lass ihn die Schönheit
der Landschaft sehen, all diese Dinge kann er wahrnehmen,
doch rede mit ihm über die Wunder des Gnadenbundes, über
die Sicherheit des Gläubigen in Christus, die Herrlichkeiten des
Erlösers, so ist er taub für all deine Beschreibungen. Ja, du bist
wie jemand, der ihm ein liebliches Lied spielt, aber er vernimmt
es nicht, er ist taub, ihm fehlt das Verständnis. »Ein natürlicher
Mensch aber nimmt nicht an, was des Geistes Gottes ist, denn
es ist ihm eine Torheit, und er kann es nicht erkennen, weil es
geistlich beurteilt wird« (1Kor 2,14). Und da er ein natürlicher
Mensch ist, kann er die Dinge Gottes nicht erkennen.

»Nun«, mag einer einwenden, »ich meine, ein durchaus pas-
sables Urteilsvermögen in theologischen Angelegenheiten zu
besitzen. Ich glaube nahezu alles zu verstehen.« Mag sein, dass
du sie dem Buchstaben nach verstehst, aber was das geistliche
Verständnis anbelangt, die Aufnahme in deiner Seele und das
Erfassen der wirklichen Bedeutung, ist es dir unmöglich, es sei
denn, der Geist Gottes hat dich zum Sohn gezogen. Denn solange die Aussage der Schrift gilt, dass der natürliche Mensch
geistliche Dinge nicht begreifen kann, muss es auch zutreffen,
dass du sie nicht empfangen hast, es sei denn, du bist wiedergeboren und zu einem geistlichen Menschen in Jesus Christus
geworden. Wille und Verstand sind daher zwei mächtige Tü-
ren, die uns den Weg zu Christus versperren, und solange sie
nicht durch den Einfluss des Heiligen Geistes geöffnet werden,
blockieren sie den Weg um zu Christus kommen.

3. Desweiteren sind die *Zuneigungen*, die einen Großteil des
Menschen ausmachen, verdorben. Wer Gottes Gnade noch
nicht empfangen hat, liebt alles andere mehr als geistliche Dinge. Solltet ihr einen Beweis suchen, dann blickt euch nur um.

Es bedarf keines langen Studiums, um die Verdorbenheit der menschlichen Zuneigungen zu erkennen. Schaut, wohin ihr wollt – es gibt keine Straße, kein Haus, nein, nicht ein Herz, das diese schreckliche Wahrheit nicht bezeugt. Warum kommen die Menschen am Sonntag nicht in Scharen ins Haus Gottes? Warum lesen wir nicht öfter in unserer Bibel? Warum beten die Menschen so selten? Warum lieben so wenige Jesus Christus? Warum sind sogar seine bekennenden Nachfolger so kalt ihm gegenüber? Woran liegt das? Mit Sicherheit, liebe Brüder, können wir diese Dinge keiner anderen Ursache zuschreiben als der Verdorbenheit der menschlichen Zuneigung. Wir lieben, was wir hassen sollten, und hassen, was wir lieben sollten. Es liegt an der gefallenen menschlichen Natur, dass er dieses Leben mehr liebt als das zukünftige. Es ist die Folge des Sündenfalls, dass der Mensch Sünde mehr liebt als Gerechtigkeit und die Wege dieser Welt mehr als die Wege Gottes. Wir wollen es noch einmal wiederholen: Solange diese Zuneigungen nicht erneuert und durch Gottes Gnade in neue Bahnen geleitet werden, ist es keinem Menschen möglich, den Herrn Jesus Christus zu lieben.

4. Auch das *Gewissen* wurde durch den Sündenfall in Mitleidenschaft gezogen. Ich glaube, die Theologen begehen den größten Fehler, wenn sie den Leuten sagen, dass Gewissen sei Gottes Wegweiser im Menschen und eine der Kräfte, die trotz des Sündenfalls in ihrer ursprünglichen Funktion aufrecht erhalten geblieben sei. Meine Brüder, als der Mensch in Eden in Sünde fiel, da fiel die Menschheit in ihrem ganzen Wesen. Im Tempel der Menschheit blieb keine einzige Säule stehen.

Wahr ist, dass das Gewissen nicht zerstört wurde. Die Säule wurde nicht zertrümmert, sie fiel in einem Stück. Dort liegt sie nun, der mächtigste Überrest des einst perfekten göttlichen Werkes im Menschen. Aber dass das Gewissen gefallen ist, dessen bin ich mir sicher. Schaut euch die Menschen an. Wer außer den Wiedergeborenen hat ein gutes Gewissen gegenüber Gott? Wenn das Gewissen immer laut und deutlich zu ihm sprechen würde, könnte der Mensch dann tagtäglich Dinge tun, die der Gerechtigkeit so entgegengesetzt sind wie die Dunkelheit dem

Licht? Nein, Geliebte, das Gewissen kann mir zwar sagen, dass ich ein Sünder bin, aber es kann mir nicht das Gefühl geben, einer zu sein. Das Gewissen mag mir anzeigen, dass dieses oder jenes falsch ist, aber wie falsch es ist, weiß auch das Gewissen nicht. Hat das Gewissen, das nicht durch den Heiligen Geist erleuchtet wurde, irgendjemanden schon einmal gesagt, dass er für seine Sünden die Verdammnis verdient? Angenommen, das Gewissen hätte dies getan, hat es dann jemals einen Menschen dazu gebracht, die Sünde als Sünde zu verabscheuen? Hat das Gewissen je einen Menschen zu einer solchen Selbstverleugnung geführt, dass er sich selbst und all seine Taten vollständig verabscheute und zu Christus kam? Nein, das Gewissen ist zwar nicht tot, aber verdreht. Seine Fähigkeit ist beeinträchtigt; es hat nicht die Schärfe des Auges, die Stärke der Hand oder die Kraft der Stimme. Das alles hatte es vor dem Sündenfall. Doch jetzt ist es schwer angeschlagen und übt nicht mehr seine einstige Vormachtstellung in der Stadt Menschenseele aus. Aus diesem Grund, weil das Gewissen verdorben ist, ist es notwendig, dass der Heilige Geist eingreift, uns zeigt, dass wir einen Erlöser brauchen, und uns zum Herrn Jesus Christus zieht.

»Doch«, mag jemand einwenden, »soweit ich bisher gefolgt bin, glaubst du anscheinend, es läge nicht an den Fähigkeiten des Menschen, sondern an seinem Willen, dass er nicht zu Christus kommt.« Wahr, sehr wahr. Ich glaube, der Hauptgrund der menschlichen Unfähigkeit ist sein widerspenstiger Wille. Ist dieser erst einmal bezwungen, ist der große Stein vor dem Grab weggerollt und der schwerste Teil des Kampfes gewonnen.

Aber erlaubt mir, noch ein Stück weiterzugehen. Meine Bibelstelle sagt nicht, »niemand *will* zu mir kommen«, sondern »niemand *kann* zu mir kommen.« Viele Ausleger glauben, *kann* sei hier nur benutzt worden, um die Unmöglichkeit klar zu betonen, habe letztlich aber keine andere Bedeutung als das Wort *will*. Ich bin mir sicher, das ist nicht richtig. Der Mensch ist nicht nur unwillig, errettet zu werden, sondern hat auch keine geistliche Kraft, sich zu Christus zu wenden. Das kann ich jedem Christen beweisen. Meine Lieben – ich spreche zu

Menschen, die Gottes Gnade schon gefunden hat –, lehrt die Erfahrung euch nicht, dass es Zeiten gibt, in denen ihr Gott dienen wollt, aber nicht die Kraft habt? Müsst ihr nicht gelegentlich sagen, dass ihr glauben wolltet, aber den Herrn bitten musstet, eurem Unglauben zu helfen? Obwohl ihr Gottes Zeugnis glauben wolltet, war eure alte Natur zu stark und ihr hattet übernatürliche Hilfe nötig. Seid ihr in der Lage, zu jeder gewünschten Stunde in eure Kammer zu gehen, um auf eure Knie zu fallen und zu sagen: »Ich möchte sehr ernst im Gebet sein und dir nahen, Gott«? Ich frage euch: Ist eure Kraft ebenso stark wie euer Wille? Selbst auf der Anklagebank Gottes könntet ihr sagen, dass ihr ganz gewiss willig seid. Ihr seid willens, in Hingabe aufzugehen und wollt euch vom ungestörten Nachsinnen über den Herrn Jesus Christus nicht abbringen lassen, aber trotz eurer Willigkeit merkt ihr, dass ihr es ohne die Hilfe des Heiligen Geistes nicht könnt. Wenn nun schon das Kind Gottes eine geistliche Unfähigkeit in sich erkennt, wie muss es dann dem Sünder gehen, der tot in Sünden und Vergehungen ist? Wenn der reife Christ nach dreißig oder vierzig Jahren gelegentlich bemerkt, dass er zwar gewillt, aber trotzdem kraftlos ist, erscheint es dann nicht mehr als wahrscheinlich, dass es dem armen, ungläubigen Sünder sowohl an Kraft als auch an Willen fehlt?

Aber es gibt noch ein weiteres Argument. Hätte der Sünder die Kraft, sich zu Christus zu wenden, wüsste ich gern, wie wir die biblischen Beschreibungen seines Zustands zu verstehen haben. Von ihm heißt es, dass er tot ist in Sünden und Vergehungen. Wollt ihr sagen, der Tod beinhalte nicht mehr als fehlenden Willen? Sicher ist ein Toter gleichermaßen unfähig wie unwillig. Erkennen nicht alle Menschen, dass ein Unterschied zwischen *Wille* und *Kraft* besteht? Wäre es nicht denkbar, den Toten so lebendig zu machen, dass man ihm einen Willen geben könnte, auch wenn er immer noch zu kraftlos wäre, um Hand oder Fuß zu bewegen? Haben wir nicht von Fällen gehört, wo Menschen gerade so weit wiederbelebt wurden, dass sie Lebenszeichen von sich gaben, und trotzdem waren sie dem Tod so nah, dass sie nicht die kleinste Bewegung ausführen konnten? Besteht nicht ein deutlicher Unterschied dazwischen, jemandem den Willen zu geben und ihm die Kraft zu verleihen? Wo der Wille gegeben wird, dort wird die Kraft gewiss folgen. Wird jemand willig gemacht, bekommt er auch die Kraft, denn wenn Gott den Willen gibt, quält er den Menschen nicht, indem er ihm den Willen zu etwas gibt, wozu er nicht fähig ist. Dennoch unterscheidet er zwischen Wille und Kraft, damit sichtbar wird, dass die beiden zwei verschiedene Gaben Gottes sind.

Ich muss noch eine weitere Frage stellen: Degradieren wir nicht den Heiligen Geist, wenn der Mensch lediglich willig gemacht zu werden braucht? Geben wir nicht die ganze Ehre unserer Errettung Gott, dem Heiligen Geist? Aber wenn der Heilige Geist nichts anderes täte als mich willig zu machen, damit ich diese Dinge in meiner Kraft tue, teile ich dann nicht einen Großteil der Ehre mit dem Heiligen Geist? Darf ich dann nicht aufstehen und sagen: »Es ist wahr, der Heilige Geist gab mir den Willen dazu, aber dennoch tat ich es selber, und dafür gebührt mir die Ehre. Denn wenn ich diese Dinge ohne Hilfe von oben getan habe, werde ich ihm meine Krone nicht zu Füßen werfen. Es ist meine Krone; ich habe sie verdient und ich werde sie behalten.« Da der Heilige Geist in der Bibel stets als Person beschrieben wird, die in uns das Wollen und das Vollbringen zu seinem Wohlgefallen bewirkt, folgern wir, dass er noch mehr für uns tun muss, als nur uns willig zu machen. Deshalb muss dem Sünder noch etwas anderes fehlen als der Wille – nämlich die Kraft.

Bevor ich diesen Punkt abschließe, noch ein persönliches Wort an euch. Mir wird oft vorgeworfen, ich würde Lehren predigen, die großen Schaden verursacht haben. Ich möchte diesen Vorwurf nicht abstreiten, denn meine Antwort könnte unbedacht sein. Hier sitzen Menschen, die bezeugen können, dass meine Predigten schwer geschadet haben, aber weder der Moral noch der Gemeinde Gottes – den Schaden hatte nämlich Satan. Da sind nicht ein oder zwei, sondern Hunderte, die sich heute Morgen freuen, dass sie zu Gott geführt wurden. Sie waren vorher Sonntagsschänder, Trunksüchtige oder Weltmenschen, und sie wurden dazu gebracht, den Herrn Jesus Christus zu kennen und zu lieben. Sollte das irgendein Schaden sein, so möge Gott uns in seiner unendlichen Gnade Tausend Mal mehr davon senden.

Und außerdem: Welche Wahrheit gibt es überhaupt, die nicht zum Schaden missbraucht werden kann, wenn man es vorsätzlich will? Jene, die eine allgemeine Erlösung predigen, verkünden gern die großartige Wahrheit, dass Gottes Gnade bis zum letzten Augenblick verfügbar sei. Doch wie können sie wagen, solches zu behaupten? Viele Menschen missbrauchen dies, indem sie den Tag der Gnade verachten und meinen, ihre letzte Stunde sei ebenso gut wie die erste. Wenn wir nie etwas predigen wollten, was Menschen missbrauchen könnten, müssten wir für ewig schweigen.

Ein anderer wendet ein: »Nun, wenn ich selber weder mich retten noch zu Christus kommen kann, muss ich still dasitzen und nichts tun.« Wer so etwas sagt, beschwört seine eigene Verdammnis auf sich herab. Ich habe dir ausdrücklich gesagt, dass du eine Menge tun kannst. Es steht in deiner Macht, regelmäßig in die Gemeinde zu gehen, fleißig das Wort Gottes zu studieren, deine Tatsünden und Laster aufzugeben und ein redliches, ehrbares und gerechtes Leben zu führen. Dafür brauchst du nicht die Hilfe des Heiligen Geistes, das kann man alles selber schaffen. Aber zu Christus zu kommen steht nicht in deiner Macht, so lange du nicht durch den Heiligen Geist wiedergeboren bist.

Doch bedenke: Deine fehlende Kraft ist keine Entschuldigung, denn du verspürst kein Interesse an Gott und lebst in bewusster Rebellion gegen ihn. Deine fehlende Kraft liegt hauptsächlich in deiner widerspenstigen Natur begründet. Nehmen wir an, ein Lügner meint, es liege nicht in seiner Macht, die Wahrheit zu sagen. Kann er sich dann damit entschuldigen, dass er ja schon so lange lügt und nicht davon lassen kann? Angenommen, ein Mann, der schon lange in seinen Begierden lebt, sagt euch, seine Lust umfange ihn wie ein eisernes Netz, aus dem er sich nicht befreien kann. Würdet ihr das als Entschuldigung gelten lassen? Natürlich nicht. Könnt ihr einen Trinker entschuldigen, mit dem es so weit gekommen ist, dass er an keiner Kneipe mehr vorbeigehen kann? Nein, denn seine Unfähigkeit sich zu ändern liegt in seiner Natur, die er weder unterdrücken noch bezwingen will. Tat und Motiv sind beide in der Sünde verwurzelt. Sie sind zwei Übel, die sich nicht gegenseitig entschuldigen können. Warum kann weder »ein Schwarzer seine Haut ändern noch ein Leopard seine Flecken« (Jer 13,23)? Weil der Mensch zwar das Böse gelernt hat, aber nicht, wie man es besser macht. Damit du nicht dasitzt und dich entschuldigst, möchte ich dich gerne aus deiner Bequemlichkeit aufschrecken. Denke daran: Dein ruhiges Dasitzen bedeutet ewige Verdammnis! O, dass doch der Heilige Geist diese Wahrheit benutzt, um dich in eine ganz andere Richtung zu führen! Nicht ich kann das tun, aber ich hoffe ich habe dir zeigen können, wie diese Wahrheit, die offenbar Menschen verdammt und ausschließt, letztendlich die große Wahrheit ist, die segensreich zur Bekehrung von Menschen dient.

2. Das Ziehen des Vaters

»Niemand kann zu mir kommen, wenn nicht der Vater, der mich gesandt hat, ihn zieht.« Wie zieht der Vater Menschen? Arminianer sagen im Allgemeinen, Gott ziehe Menschen durch die Predigt des Evangeliums. Das ist wahr, die Verkündigung des Evangeliums ist das Instrument, um Menschen zu Christus zu ziehen, aber es muss noch mehr geben als das. An wen richtete Christus diese Worte? An die Einwohner von Kapernaum, zu denen er häufig predigte und ihnen die Warnungen des Gesetzes und die Anforderungen des Evangeliums sagte. In dieser Stadt hatte er große Werke und viele Wunder vollbracht. Trotz seiner Lehren, die er durch Wunder bekräftigte, musste er ihnen erklären, dass Tyrus und Sidon schon längst in Sack und Asche Buße getan hätten, wenn sie solche Vorrechte gehabt hätten.

Wenn sogar Jesu eigene Predigt diese Menschen nicht zu ihm ziehen konnte, ist mit dem väterlichen Ziehen unmöglich allein das Predigen gemeint. Nein, Brüder, er sagt nicht, niemand könne zu ihm kommen, wenn nicht der *Prediger ihn zieht*, sondern wenn nicht der *Vater* ihn zieht. Ja, man kann auch vom Evangelium und vom Prediger gezogen werden, ohne dass der Vater beteiligt ist. Aber gemeint ist eindeutig ein Ziehen durch

Gott, den Höchsten – die erste Person der Dreifaltigkeit sendet die dritte Person, den Heiligen Geist, um einen Menschen zu Christus zu führen.

Da mag jemand spöttisch meinen: »Dann glaubst du also, Christus ziehe unwillige Menschen zu sich!« Ich erinnere mich an einen Mann, der zu mir sagte: »Du lehrst, Christus zöge Menschen förmlich an den Haaren herbei.« Ich fragte ihn, ob er mir den Tag nennen könne, an dem ich diese außergewöhnliche Lehre vertreten habe, denn wenn er es könnte, würde er mir einen großen Gefallen tun. Er konnte das allerdings nicht. Ich erwiderte ihm, Christus zieht die Menschen zwar nicht an ihren Haaren zu sich, aber er zieht ihr Herz ebenso kraftvoll, wie die genannte Karikatur es unterstellt. Das Ziehen des Vaters ist völlig frei von Druck. Christus zwingt niemanden, gegen seinen Willen zu ihm zu kommen. Wenn ein Mensch nicht errettet werden will, rettet Christus ihn nicht gegen seinen Willen. Wie zieht der Heilige Geist ihn denn dann? Indem er ihn willig macht. Er benutzt keine »seelischen Druckmittel«, er kennt eine direktere Methode, um das Herz zu erreichen. Er geht bis zur verborgenen Quelle des Herzens und durch eine geheimnisvolle Operation weiß er, wie der Wille in die entgegengesetzte Richtung zu wenden ist. So wird der Mensch, wie Ralph Erskine es paradoxerweise ausdrückt, »bei voller Zustimmung gegen seinen Willen« errettet – d. h. er wird gegen seinen alten Willen errettet. Und doch stimmt er seiner Errettung absolut zu, weil er durch Gottes Kraft willig gemacht wurde.

Ihr dürft nicht glauben, jemand sei auf dem Weg in den Himmel, der die ganze Zeit gegen die Hand, die ihn führt, ausschlägt und ankämpft. Ihr dürft nicht meinen, jemand würde im Blut des Erlösers reingewaschen, während er gleichzeitig versucht, dem Heiland zu entkommen. O nein, sicherlich ist wahr, dass der Mensch zunächst unwillig ist, sich erretten zu lassen. Doch wenn der Heilige Geist an seinem Herzen wirkt, ist es so, wie das Hohelied es beschreibt: »Zieh mich dir nach, lass uns eilen!« Wir folgen ihm, während er uns zieht, und sind froh, der Stimme zu gehorchen, der wir zuvor widerstanden. Aber der wesentliche Punkt ist die Veränderung des Willens.

Wie das vonstatten geht, weiß niemand. Es ist eines jener Geheimnisse, die dennoch Realität sind, aber deren Ursache keine Zunge erklären und kein Herz ermessen kann.

Was wir jedoch beschreiben können, ist die Vorgehensweise des Heiligen Geistes. Wenn der Heilige Geist am Herzen zu wirken beginnt, sieht er, dass der Mensch eine hohe Meinung von sich selbst hat. Doch ist nichts hinderlicher, um zu Christus zu kommen, als eine hohe Meinung von sich selbst. Der Mensch sagt: »Ich möchte nicht zu Christus kommen. Meine Gerechtigkeit ist so gut, wie man sie sich nur wünschen kann. Ich glaube zu Recht in den Himmel zu kommen.« Der Heilige Geist legt sein Innerstes bloß und lässt ihn das widerliche Krebsgeschwür erkennen, welches sein Leben auffrisst. Er deckt ihm die ganze Finsternis und Verunreinigung des menschlichen Herzens auf, sodass er erschrickt: »Ich hätte nie gedacht, dass ich so bin. O, ich dachte, meine Sünden wären gering, aber sie haben sich zu gewaltigen Ausmaßen aufgetürmt. Was ich für einen Maulwurfshügel hielt, ist zu einem Berg geworden. Erst war es nur ein Ysopkraut an der Mauer, doch nun ist es zu einer Zeder des Libanon geworden.« Er sagt zu sich selbst, »O, ich werde versuchen, mich zu ändern. Ich werde genug Gutes tun, um die schlechten Dinge auszubügeln.«

Dann kommt der Heilige Geist und zeigt ihm, dass er das nicht tun kann. Er nimmt ihm all seine einbildete Kraft und Fähigkeit, sodass sich der Mensch in seiner Drangsal hinkniet und ausruft: »O, zuvor dachte ich, ich könnte mich durch meine guten Taten selber retten, aber jetzt merke ich:

Würden meine Tränen auch nie versiegen
und mein Eifer grenzenlos sein,
nichts könnte meine Sünden aufwiegen,
du musst mich retten, du allein.

Dann sinkt der Mut und der Mensch gibt alle Hoffnungen auf. Er sagt: »Ich kann niemals errettet werden. Nichts kann mich retten.« Nun kommt der Heilige Geist und zeigt dem Sünder das Kreuz Christi, tut ihm die Augen auf und spricht: »Schau aufs Kreuz. Der Mann dort starb, um Sünder zu retten. Du meinst, ein Sünder zu sein, dann starb er für dich.« Und er befähigt ihn, zu glauben und zu Christus zu kommen. Wenn jemand durch das Ziehen des Heiligen Geistes zu Christus kommt, wird er merken: »Der Friede Gottes, der allen Verstand übersteigt, wird eure Herzen und eure Gedanken bewahren in Christus Jesus« (Phil 4,7).

Jetzt erkennt ihr, dass alles ohne jeglichen Zwang geschieht. Der Mensch wird so in Übereinstimmung mit seinem Willen gezogen, als wäre er überhaupt nicht gezogen worden. Sein Einverständnis, zu Christus zu kommen, ist so vollkommen, als hätte nie ein verborgenes Wirken an seinem Herzen stattgefunden. Aber dieses Wirken muss geschehen, ansonsten könnte und wollte sich nie ein Mensch zum Herrn Jesus Christus wenden.

3. Einige praktische und tröstende Anwendungen

»Nun«, sagt jemand, »wenn deine Lehre wahr ist, was wird dann aus meiner Religion? Denn ich habe es eine lange Zeit versucht und mag nicht hören, dass sich ein Mensch nicht selbst retten kann. Ich glaube, ich schaffe es und halte es durch. Aber wenn ich glaube, was du sagst, muss ich das alles aufgeben und ganz neu anfangen.«

Meine lieben Freunde, es wäre sehr schön, wenn ihr das tut. Meint nicht, ich würde darüber erschrecken. Bedenkt, jetzt baut ihr euer Haus auf Sand, und es ist reine Nächstenliebe, wenn ich es ein wenig erschüttere. Im Namen Gottes möchte ich euch versichern: Wenn eure Religion kein besseres Fundament hat als eure eigene Stärke, dann wird sie vor dem Richterstuhl Gottes nicht standhalten. Nichts wird ewig Bestand haben, als nur das, was aus der Ewigkeit kommt. Wenn nicht der ewige Gott ein gutes Werk in euren Herzen gewirkt hat, wird am letzten Tag alles zunichte, was ihr getan habt. Dann war es vergeblich, dass ihr zur Kirche gegangen seid, den Sonntag geehrt und regelmäßig gebetet habt. All eure Ehrlichkeit gegenüber euren Nachbarn und die anständigen Gespräche mit ihnen sind umsonst, wenn ihr hofft, dadurch errettet zu werden. Ihr vertraut vergeblich darauf. Macht wei-

ter, seid so ehrlich, wie ihr wollt, ehrt regelmäßig den Tag des
Herrn, seid so heilig, wie ihr könnt. Ich werde euch nicht abhalten von diesen Dingen. Gott bewahre. Wachst in ihnen,
aber vertraut nicht auf sie, denn wenn ihr euch auf diese Dinge verlasst, werdet ihr feststellen, dass sie euch im Stich lassen,
wenn ihr sie am nötigsten habt.

Und wenn es noch anderes gibt, was ihr ohne die Gnade
Gottes getan habt und was euch eine falsche Hoffnung vermittelt hat, dann solltet ihr es alsbald fahren lassen. Denn es ist ein
Irrglaube, sich auf Dinge zu verlassen, die das Fleisch hervorbringt. Der Himmel wird von geistlichen Menschen bewohnt,
die vom Heiligen Geist dafür zubereitet wurden.

»Nun«, ruft ein anderer, »mir hat ein Prediger erzählt, ich
könnte, wenn ich es selbst wollte, Buße tun und glauben. Da-
raufhin habe ich es Tag für Tag hinausgeschoben. Ich dachte,
der eine Tag eignet sich genauso gut wie der andere, um lediglich zu sagen: ›Herr, sei mir gnädig‹, und zu glauben, ich sei
errettet. Jetzt hast du mir diese Hoffnung zerstört. Ich bin gleichermaßen erstaunt und erschrocken.« Wiederum sage ich:
»Mein lieber Freund, ich freue mich darüber. Das hoffte ich, zu
bezwecken. Ich bete dafür, dass du es noch stärker empfindest.
Wenn du nicht mehr hoffst, dich selbst retten zu können, habe
ich Hoffnung, dass Gott an deiner Rettung arbeitet. Ich freue
mich über dich, sobald du sagst: »O, ich kann nicht zu Christus
kommen. Herr, ziehe mich, hilf mir.« Im Herzen eines Willigen
hat die Gnade zu wirken begonnen, auch wenn ihm die Kraft
fehlt. Gott wird nicht von ihm lassen, bis er sein Werk vollendet hat.

Aber, Sünder, bedenke: Deine Errettung liegt in Gottes
Händen. Du bist ganz in Gottes Hand. Du hast gegen ihn gesündigt, und wenn er dich verdammen will, bist du verdammt.
Du kannst weder seinem Willen widerstehen noch seine Plä-
ne durchkreuzen. Du hast seinen Zorn verdient, und wenn
er ihn ganz über dir ausgießen wollte, könntest du es durch
nichts verhindern. Sollte er dich aber retten wollen, ist er dazu
vollkommen imstande. Doch du befindest dich ebenso sehr in
seiner Hand wie die Motte in deiner. Er ist der Gott, dem du
täglich Kummer bereitest. Lässt es dich nicht erzittern, wenn

du daran denkst, dass dein ewiges Schicksal nun von dem Willen dessen abhängt, den du erzürnt hast? Lässt es nicht deine Knie schlottern und dein Blut in den Adern gerinnen? Wenn es so ist, freue ich mich, denn das könnte die erste Auswirkung des Ziehens des Heiligen Geistes bei dir sein. Schlottere ruhig, wenn du bedenkst, dass der Gott, den du zum Zorn gereizt hast, der Gott ist, von dem deine Rettung oder deine Verdammung völlig abhängt. Zittert und »küsst den Sohn, dass er nicht zürne und ihr umkommt auf dem Weg; denn leicht entbrennt sein Zorn« (Ps 2,12).

Nun wollen wir zu den trostreichen Gedanken kommen: Einige von euch sind sich heute Morgen bewusst, dass ihr zu Christus kommt. Habt ihr nicht schließlich Tränen der Buße geweint? Kann nicht euer Kämmerlein bezeugen, dass ihr euch im Gebet vorbereitet habt, das Wort Gottes zu hören? Und habt ihr nicht während des Gottesdienstes heute Morgen in eurem Herzen gesagt: »Herr, rette mich oder ich komme um, denn ich kann mich nicht selbst retten?« Und kannst du nicht jetzt von deinem Platz aufstehen und singen:

O mächtige Gnade, mein Herze soll sein
von dir überwunden und ewig dein.
Ich gehör' meinem Herrn als ergebener Knecht.
Dein Wort hat gesiegt, die Errettung ist echt.

Und habe nicht ich selbst dich in deinem Herzen reden hören: »Jesus, Jesus, mein ganzes Vertrauen setze ich auf dich. Ich weiß, meine Gerechtigkeit kann mich nicht retten, sondern nur du. O Christus – ob ich untergehe oder schwimme, ich werfe mich auf dich.« Mein Bruder, dich hat der Vater gezogen, denn du hättest nicht zu ihm kommen können, wenn er dich nicht gezogen hätte. Ein wunderbarer Gedanke! Und weißt du auch, was die herrliche Konsequenz ist, wenn er dich wirklich gezogen hat? Mögest du dich durch diesen Vers ermuntern lassen: »Der HERR ist ihm von ferne erschienen: ›Ja, mit ewiger Liebe habe ich dich geliebt; darum habe ich dir meine Güte bewahrt.‹« Ja, mein lieber Bruder, da du nun zu Christus kommst, hat dich der Vater gezogen und dir gezeigt, dass er dich vor Grundlegung der Welt geliebt hat. Lass dein Herz vor Freude springen, denn du gehörst ihm. Dein Name war in die Handflächen des Heilands geschrieben, als sie ans Fluchholz genagelt wurden. Heute funkelt dein Name auf dem Brustschild des großen Hohenpriesters, und er stand dort, ehe der Morgenstern seinen Platz einnahm oder die Planeten ihre Bahnen zogen. Freut euch im Herrn, die ihr zu Christus gekommen seid, und ruft eure Freude heraus, die ihr vom Vater gezogen wurdet. Denn das ist euer Beweis, euer feierliches Zeugnis, dass ihr zu den Menschen gehört, die in Ewigkeit auserwählt wurden und durch Gottes Macht im Glauben ausharren, bis die Erlösung vollends geoffenbart sein wird.

Wirksame Berufung

Predigt Nr. 73, Sonntagmorgen, 30. März 1856,
in der New Park Street Chapel

*»Und als er an den Ort kam, sah Jesus auf und erblickte ihn und sprach
zu ihm: Zachäus, steig eilends herab! Denn heute muss ich in deinem
Haus bleiben.«*

Lukas 19,5

Ich bin zwar überzeugt, dass ihr in den Lehren des ewigen
Evangeliums recht gut unterrichtet seid, doch merkt man in
Gesprächen mit Jungbekehrten immer wieder, wie ungeheuer
wichtig es ist, alte Lektionen zu wiederholen und die grundle-
genden Lehren unseres heiligen Glaubens erneut nachdrück-
lich zu predigen. Wer die Lehre der wirksamen Berufung
schon vor Jahren lernte, wird deshalb glauben, ich benutzte
sehr einfache Worte für Gläubige, die noch jung in der Furcht
des Herrn sind, damit sie den Beginn des Wirkens Gottes im
menschlichen Herzen besser verstehen können. Gemeint ist
die wirksame Berufung des Menschen durch den Heiligen
Geist.

Um die Lehre von der wirksamen Berufung zu veranschau-
lichen, möchte ich das Beispiel von Zachäus verwenden. Ihr
werdet euch an die Geschichte erinnern. Zachäus war neugie-
rig, diesen wunderbaren Mann, Jesus Christus, zu sehen, der
die Welt auf den Kopf gestellt und für enorme Aufregung unter
den Menschen gesorgt hatte. Manchmal empfinden wir Neugier als unangebracht und meinen, es sei Sünde, aus Neugier in
die Gemeinde zu kommen. Ich bin mir nicht sicher, ob wir wagen sollten, so etwas zu behaupten. Neugier als Motivation ist
keine Sünde, obwohl sie gewiss nicht sehr edel ist. Dennoch hat
sich Neugier oft als einer der besten Verbündeten der Gnade
erwiesen. Aus dieser Motivation wünschte Zachäus Christus

zu sehen; allerdings standen ihm zwei Hindernisse im Weg: zum einen die große Menschenmenge, die ihm den Zugang zum Erlöser versperrte, und außerdem seine Kleinwüchsigkeit, die ihm die Hoffnung nahm, ihn über die Köpfe der Menschen hinweg erblicken zu können.

Was tat Zachäus? Er handelte, wie ein Knabe gehandelt hätte – damals waren die Knaben gewiss nicht anders als heute. Er erklomm einen Baum, um den vorbeigehenden Jesus zu sehen. Er, der reife Mann, kletterte auf den Baum und saß nun zwischen den Kindern. Die Burschen hatten viel zu viel Angst vor diesem strengen, von ihren Vätern gefürchteten Zöllner, als dass sie ihn herunter gestoßen oder ihn irgendwie geärgert hätten.

Mit einer gewissen Besorgnis schaute er herunter, um zu erspähen, wer unter dieser Volksmenge Jesus war, denn der Erlöser hatte kein auffälliges Erkennungsmerkmal. Kein Kirchendiener mit silbernem Stab schritt vor ihm her; kein goldener Bischofsstab war in seiner Hand. Er war in kein Priestergewand gehüllt; sondern war gekleidet wie die Menschen um ihn herum. Wie ein gewöhnlicher Landwirt trug er ein Oberkleid, das von oben bis unten aus einem Stück bestand. So konnte ihn Zachäus kaum ausmachen. Doch bevor er Christus sah, hatte dieser schon seinen Blick auf ihn gerichtet. Unter dem Baum stehend schaute er herauf und sagte: »Zachäus, steig eilends herab! Denn heute muss ich in deinem Haus bleiben.« Zachäus kletterte herab und Jesus kehrte in sein Haus ein. Zachäus wurde ein Nachfolger Christi und gelangte ins Reich der Himmel.

1. Wirksame Berufung geschieht aus Gnade

Das wird daran deutlich, dass Zachäus jemand war, dessen Errettung wir zuallerletzt erwartet hätten. Er wohnte in Jericho, einer bösen Stadt, auf der ein Fluch lag, und niemand hätte mit der Errettung eines Einwohners von Jericho gerechnet. In der Nähe Jerichos fiel »ein gewisser Mann« unter die Räuber. Auch wenn Zachäus gewiss nichts damit zu tun hatte, so waren doch einige Zöllner tatsächlich Räuber. Wir würden eher erwarten, dass sich Häftlinge bekehren oder Leute aus den heruntergekommensten Stadtteilen Londons – aus den schlimmsten und abscheulichsten Lasterhöhlen –, aber nicht Einwohner des damaligen Jerichos. Es spielt keine Rolle, woher ihr kommt. Ihr könnt aus der dreckigsten Straße, den schmutzigsten Slums Londons stammen, doch wenn euch die wirksame Gnade ruft, ist es ungeachtet deiner Herkunft ein wirksamer Ruf. Auch Zachäus ging einem äußerst verrufenen Gewerbe nach; wahrscheinlich betrog er andere, um sich zu bereichern. Als Christus in sein Haus kam, gab es ein allgemeines Raunen, weil er bei einem Sünder zu Gast war. Aber die Gnade macht keinen Unterschied; sie schaut nicht auf die Person, sondern Gott beruft, wen er will. Und er berief diesen schlimmsten aller Zöllner in der übelsten Stadt aus dem ärgsten Gewerbe.

Weil Zachäus reich war, gehörte er obendrein zu denen, deren Errettung am unwahrscheinlichsten ist. Es stimmt, dass Reiche und Arme gleichermaßen willkommen sind und niemand wegen seines Standes verzweifeln muss. Dennoch ist es eine Tatsache, dass »nicht viele Weise nach dem Fleisch« (1Kor 1,26) berufen sind, vielmehr hat »Gott die vor der Welt Armen auserwählt, reich im Glauben zu sein« (Jak 2,5) Doch hier macht die Gnade keinen Unterschied. Der *reiche* Zachäus wird vom Baum gerufen. Er steigt herab und wird errettet. Ich dachte, es sei eines der größten Beispiele für Gottes Herablassung, dass er auf den Menschen *herab*schauen kann, aber ich sage euch, als Christus zu Zachäus *hinauf*schaute, ließ er sich noch viel tiefer herab. Wenn Gott auf seine Geschöpfe herabschaut, ist das Gnade, aber als Christus sich so erniedrigte, dass er zu einem seiner eigenen Geschöpfe hinaufschauen musste, ist das eine noch viel größere Gnade. Viele von euch sind auf den Baum ihrer eigenen guten Taten geklettert. Ihr habt euch auf die Äste eurer heiligen Handlungen gesetzt, vertraut auf den freien Willen der armseligen Kreatur oder ruht auf irgendeiner weltlichen Weisheit. Doch Christus schaut sogar zu stolzen Sündern hinauf und ruft sie herunter. »Steig herab«, sagt er, »heute muss ich in deinem Haus bleiben.« Wäre Zachäus ein demütiger Mensch gewesen, der am Wegesrand saß oder zu Christi Füßen, dann hätten wir Jesu Erbarmen bewundert, aber hier sitzt er erhöht und Christus schaut zu ihm empor und fordert ihn auf, herunterzukommen.

2. Die Berufung ist persönlich

Mit Zachäus befanden sich noch Knaben im Baum, aber es bestand keinerlei Zweifel, wer gerufen wurde. »*Zachäus*, steig eilends herab!« Die Schrift erwähnt noch andere Berufungen. Insbesondere wird gesagt: »Denn viele sind Berufene, wenige aber Auserwählte« (Mt 20,16). Das ist aber nicht die wirksame Berufung, die der Apostel mit seiner Aussage meinte: »Die er berufen hat, diese hat er auch gerechtfertigt« (Röm 8,30). Stattdessen handelt es sich dort um eine allgemeine Berufung, die viele, ja sogar alle Menschen ablehnen, wenn danach nicht der persönliche, besondere Ruf erfolgt, der uns zu Christen macht. Ihr werdet mir zustimmen, dass euch ein persönlicher Ruf zum Heiland führte. Bei irgendeiner Predigt merkst du, dass du ganz persönlich gemeint bist. Vielleicht war es die Bibelstelle: »Du bist ein Gott, der mich sieht!« (1Mo 16,13). Der Prediger legte besonderen Nachdruck auf das Wort »mich«, sodass du dachtest, Gottes Auge sei auf *dich* gerichtet. Und bevor die Predigt vorbei war, glaubtest du Gott zu sehen, wie er die Bücher öffnete, um *dich* zu verdammen. Da flüsterte dein Herz: »Kann sich jemand in Schlupfwinkeln verbergen, und ich, ich sähe ihn nicht?, spricht der Herr« (Jer 23,24). Vielleicht saßt du auf der Empore oder hattest nur einen Stehplatz im Gang – jedenfalls warst du ernstlich überzeugt, die Predigt gelte *dir* und nicht jemand anderem.

Gott ruft die Seinen nicht in Massen, sondern einzeln. »Jesus spricht zu ihr: *Maria*! Sie wendet sich um und spricht zu ihm auf Hebräisch: Rabbuni! das heißt Lehrer« (Joh 20,16). Als Jesus Petrus und Andreas am See fischen sah, sagte er zu ihnen: »Kommt, mir nach!« (Mt 4,19). Er sah Matthäus am Zollhaus sitzen und sagte zu ihm: »Folge mir nach!« (Mt 9,9). Und Matthäus folgte ihm nach. Wenn der Heilige Geist an einem Menschen wirkt, trifft ihn Gottes Pfeil ins Herz. Der Pfeil streift weder seinen Helm noch kratzt er an seiner Rüstung, sondern dringt durch die Ritzen tief in die Seele ein. Liebe Freunde, habt ihr

diesen persönlichen Ruf gehört? Erinnert ihr euch, dass eine
Stimme zu euch sprach: »Steh auf, er ruft dich«? Könnt ihr auf
einen Zeitpunkt zurückblicken, an dem ihr gesagt habt: »*Mein
Herr* und *mein* Gott«? Als ihr merktet, dass der Heilige Geist
mit euch rang und ihr sagtet: »Herr, *ich* komme zu dir, weil ich
weiß, dass du *mich* gerufen hast.« Ich würde euch alle Ewigkeit hindurch vergeblich rufen, aber wenn Gott jemanden Be-
stimmtes ruft, ist diese persönliche Berufung eines Einzelnen
wirksamer als mein allgemeiner Ruf an alle.

3. Die Berufung ist dringend

»Zachäus, steig *eilends* herab.« Normalerweise reagiert ein Sünder auf die Predigt mit dem Wort »Morgen«. Er hört eine ein-
drückliche Verkündigung und sagt: »Ich werde nach und nach
zu Gott umkehren.« Tränen rollen ihm die Wangen herunter, doch er wischt sie schnell wieder ab. Etwas Frömmigkeit
kommt zum Vorschein, die aber bei Erprobungen so schnell
verschwindet wie die Morgenwolken durch die Sonne. Er sagt:
»Ernsthaft gelobe ich, mich von heute an zu bessern. Noch einmal möchte ich meine Lieblingssünde begehen, dann werde
ich sie aufgeben und mich für Gott entscheiden.« Er wurde nur
vom Aufruf des Predigers angesprochen, und das ist so gut wie
nichts. Der Weg zur Hölle, sagt man, ist mit guten Absichten
gepflastert. Diese werden durch allgemeine Aufrufe erzeugt.
Die Straße zur ewigen Verdammnis ist mit Ästen bedeckt, die
Menschen herabgeworfen haben, anstatt selbst vom Baum zu
steigen. Das Stroh vor der Haustür des Kranken lässt die Räder
geräuschloser vorüberrollen. Genauso bestreuen einige ihren
Lebensweg mit dem Versprechen, Buße zu tun; doch dadurch
gehen sie nur leichter und lautloser in die Verdammnis.

Aber Gottes Aufruf richtet sich nicht auf den morgigen
Tag. »*Heute*, wenn ihr seine Stimme hört, verhärtet eure Herzen nicht« (Hebr 4,7). Gottes Gnade duldet keine Verzöge-
rung. Wenn Gott dich zieht, kommst du zu ihm gerannt und
redest nicht vom Aufschieben. Morgen – das ist keine geistliche
Zeitangabe. Morgen – steht im Kalender Satans und sonst nir-
gendwo. Morgen – das ist ein Felsen, der ausgebleicht ist von

den Knochen der Seefahrer, die an ihm zerschellt sind. Es ist das Lichtsignal der Strandräuber, die ahnungslose Schiffe in die Falle locken. Morgen – ist der Goldtopf am Ende des Regenbogens, den nie jemand fand. Morgen – ist das Ungeheuer von Loch Ness, das noch keiner sah. Morgen – ist ein Traum, eine Illusion. Morgen, ja morgen schon könntest du deine Augen in den Qualen der Hölle aufschlagen. Die Uhr der Ewigkeit sagt »heute«, alles ruft »heute«, auch der Heilige Geist sagt: »Heute, wenn ihr seine Stimme hört, verhärtet eure Herzen nicht.« Sünder, seid ihr jetzt bereit, den Herrn zu suchen? Wollt ihr jetzt zu ihm beten? Sagt ihr: »Jetzt oder nie! Ich muss jetzt errettet werden«? Wenn das eure Gedanken sind, hoffe ich, dass es ein wirksamer Aufruf ist, denn wenn Christus jemanden ruft, sagt er: »Zachäus, steig *eilends* herab.«

4. Die Berufung ist erniedrigend

»Zachäus, steig eilends *herab*!« Oft rufen Prediger Menschen zur Buße auf, indem sie ihrem Stolz schmeicheln, ihre Selbstachtung stützen und ihnen in den Mund legen: »Ich kann mich zu Gott wenden, wann ich will. Das Wirken des Heiligen Geistes benötige ich nicht.« Sie werden nicht aufgerufen *herab*zukommen, sondern sich zu *erheben*. Gott erniedrigt einen Sünder immer.

Kann ich mich nicht erinnern, wann Gott mich aufforderte, herabzusteigen? Einer meiner ersten Schritte war es, vom Berg meiner guten Taten herunterzukommen. Das war ein beschwerlicher Abstieg. Ich habe euch von euren guten Taten weggezogen; nun möchte ich euch von eurer Selbstgenügsamkeit wegbringen. Da war noch ein anderer Abstieg, bei dem ich mir sicher war, unten angekommen zu sein, aber Christus sagte: »Steig herab.« Und ich stieg noch ein Stück herab, bis ich an einen Punkt fiel, wo ich dachte, hier könne ich nun gerettet werden. »Tiefer, noch tiefer«, hörte ich ihn sagen. Ich machte mich auf und kam noch weiter nach unten, bis ich den letzten Ast meines Hoffnungsbaumes fahren lassen musste. Dann sagte ich: »Ich kann nichts tun. Ich bin am Ende.« Über meinem Kopf schlugen die Wasser zusammen, ich lag

in Finsternis und hielt mich vom Bürgerrecht Israels ausge-
schlossen. »Du musst noch tiefer herabsteigen. Du bist noch
zu stolz, um errettet zu werden.« Dann wurde ich herunter-
geholt, um meine Verdorbenheit zu sehen, meine Bösartigkeit,
meine Schlechtigkeit.

Wenn Gott jemanden retten will, sagt er: »Steig herab!«
Nun, Sünder, dein Stolz bringt dir nichts. Verstecke dich nicht
länger in den Bäumen! Christus möchte dich am Fuß des
Baumes sehen. Auch wenn du wie ein Adler in luftigen Hö-
hen kreist, sollst du durch Gottes Gnade von dort oben herab-
kommen – oder du wirst eines Tages hinuntergestoßen. »Er hat
Mächtige von Thronen hinabgestoßen und Niedrige erhöht«
(Lk 1,52).

5. Die Berufung ist liebevoll

»Heute muss ich in deinem Haus bleiben.« Ihr könnt euch sicher gut vorstellen, wie sich die Gesichter der Umstehenden
änderten! Sie hielten Christus für den heiligsten und erha-
bensten Menschen und wollten ihn sogar zum König machen.
»Heute muss ich in deinem Haus bleiben.« In der Menschenmenge befand sich vielleicht ein armer Jude, der schon einmal
bei Zachäus zu Hause war und »zur Minna gemacht« wurde,
wie man auf dem Land sagt. Nun erinnerte er sich, was für ein
Haus es war und wie er dort aufgenommen wurde. Seine Er-
innerungen ähnelten der einer Fliege, die mit Not einem Spin-
nennetz entkommen ist.

Ein anderer, dessen nahezu ganzer Besitz beschlagnahmt
worden war, stand in der Nähe. Er dachte zurück, wie er Zachäus' Haus betrat; ihm erschien es, als würde er in eine Lö-
wengrube geworfen. »Was?!«, riefen sie, »geht dieser Heilige
in eine solche Höhle, wo wir armen Schlucker beraubt und
schlecht behandelt wurden? Es war schon schlimm genug,
dass Christus mit ihm im Baum redete, aber jetzt geht er auch
noch in sein Haus!« Alle murrten, dass er Zachäus' Gast war,
»um bei einem sündigen Mann zu herbergen.« Ich weiß, was
einige seiner Jünger dachten. Sie glaubten, es wäre sehr un-
klug von ihm und könnte seinem Ruf schaden. Außerdem

würde es bei den Leuten Anstoß erregen. Nach ihrer Ansicht hätte er Zachäus – so wie Nikodemus – eine nächtliche Audienz geben sollen, wenn ihn niemand sah. Aber eine öffentliche Begegnung mit einem solchen Mann war das Törichtste, was er machen konnte.

Warum handelte Christus so? Weil er Zachäus auf *liebevolle* Weise rufen wollte. »Wenn ich zu dir komme, werde ich nicht auf deiner Türschwelle stehen bleiben oder durchs Fenster hineinschauen – ich werde in dein Haus kommen. In das gleiche Haus, in dem dich Witwen angefleht haben und du sie ignoriertest. Ich werde dein Wohnzimmer betreten, wo du weinenden Waisen dein Mitleid versagt hast, dort, wo du wie ein ausgehungerter Löwe deine Beute verschlangst. Ich komme in dein Haus, das du verfinstert und verrufen gemacht hast. An den Ort, von dem die Schreie derer zum Himmel aufgestiegen sind, die du unterdrückt hast. In dein Haus werde ich kommen und dich segnen.« Welche Zuneigung sich darin widerspiegelte! Armer Sünder, mein Herr ist ein sehr liebevoller Herr. Er kommt zu dir nach Hause. Was für ein Heim hast du? Ein Zuhause, das du durch dein Trinken unglücklich gemacht hast; oder ist es durch deine Unreinheit verschmutzt; durch Fluchen verunreinigt; ein Heim, in dem du einem üblen Gewerbe nachgehst, welches du gerne loswerden möchtest?

Christus sagt: »Ich komme in dein Haus.« Ich kenne einige Häuser, früher einmal Lasterhöhlen, in die Christus jeden Morgen kommt. Wo Mann und Frau, die vorher miteinander stritten und sich bekämpften, die Knie beugen und zusammen beten. Einige meiner Zuhörer haben kaum eine Stunde Zeit für ihre Mahlzeiten, aber für Gebet und Bibellese nehmen sie sich Zeit. Christus kommt zu ihnen. Wo einst schlüpfrige Lieder gesungen wurden und eitle Bilder hingen, befindet sich nun ein Andachtsbuch und eine Bibel auf der Kommode. Sie haben zwar nur einen einzigen Raum zum Leben, doch wenn Gott einen Engel senden und ihn anschließend fragen würde, was er gesehen hat, wäre seine Antwort: »Ich fand eine gute Einrichtung vor, sie haben eine Bibel und hier und ein christliches Buch dort. Die schmutzigen Bilder haben sie von den Wänden genommen und verbrannt. Auch befinden sich keine Spielkarten mehr im Schrank des Mannes. Christus ist in dieses Haus eingezogen.« O, wie gut, dass wir so wie die Römer unseren Hausgott haben! Unser Gott ist ein Hausgott. Er kommt, um bei seinem Volk zu leben; er liebt die Zelte Jakobs. Nun, armer Sünder, der du in der schmutzigsten Höhle Londons wohnst – falls denn jemand hier sein sollte, auf den das zutrifft –, Jesus sagt zu dir: »Zachäus, steig eilends herab! Denn heute *muss ich in deinem Haus bleiben.*«

6. Die Berufung kündigt ein Bleiben an

»Heute muss ich in deinem Haus *bleiben.*« Die allgemeine Berufung lautet so: »Heute werde ich zur einen Tür deines Hauses hineingehen und zur anderen wieder hinaus.« Der allgemeine Ruf, der durch das Evangelium an alle Menschen ergeht, wirkt eine Zeitlang an ihnen und dann ist wieder alles vorüber. Doch der rettende Ruf ist bleibender Natur. Christus sagte nicht: »Beeile dich, Zachäus, und steige herab, ich möchte kurz in dein Haus hineinschauen.« Sondern er sagte: »Ich muss in deinem Haus *bleiben.* Ich komme, um mich mit dir hinzusetzen und zu essen und zu trinken. Ich möchte zusammen mit dir essen. Heute muss ich in deinem Haus bleiben.«

Da höre ich jemanden sagen: »Sie glauben gar nicht, wie oft ich schon dachte, wirklich errettet zu sein, aber jedes Mal wurde die Überzeugung schwächer. Es war wie in einem Traum, der verschwand, wenn ich erwachte. So war es bei mir.« Verzweifle nicht, du arme Seele! Spürst du die Bemühungen der allmächtigen Gnade in deinem Herzen, die dich auffordert, heute Buße zu tun? Wenn du sie fühlst, ist es ein bleibender Ruf. Wenn Jesus an dir wirkt, wird er kommen und in deinem Herzen bleiben und dich auf ewig für sich weihen. Er sagt: »Ich werde kommen und in Ewigkeit bei dir wohnen. Ich werde kommen und sagen:«

»Zur Ruhe hier lass ich mich nieder
und gehe nicht mal ein, mal aus
kein fremder Gast, der geht bald wieder
sondern als Herr von diesem Haus.«

»O«, sagst du, »das ist, was ich will. Ich will einen Ruf in *blei-bende* Gemeinschaft, etwas Dauerhaftes. Ich will keinen Glauben, der mit der Zeit verbleicht, sondern dessen Farben bleiben.« Mit einem Ruf dieser Art ruft Christus. Seine Prediger können diesen Ruf nicht bewirken, aber wenn Christus spricht, dann spricht er mit Macht und sagt: »Zachäus, steig eilends herab! Denn heute muss ich in deinem Haus *bleiben*.«

7. Die Berufung ist notwendig

Lesen wir es noch einmal: »Zachäus, steig eilends herab! Denn heute *muss* ich in deinem Haus bleiben.« Das war nicht etwas, was Christus hätte tun oder lassen können, sondern es war ein notwendiger Ruf. Das Erretten eines Sünders ist für Gott ebenso notwendig wie das Erfüllen seines Bundes, die Erde nie wieder durch eine Flut zu richten.

Aus drei Gründen ist die Errettung jedes bluterkauften Kindes Gottes notwendig: weil sie Gottes Absicht ist, weil Christus sie erkauft hat und weil Gott sie verheißen hat. Es ist notwendig, dass das Kind Gottes errettet wird. Einige Theologen meinen, es sei falsch, das Wort »muss« zu betonen, insbesondere in dem Vers: »Er musste aber durch Samaria ziehen« (Joh 4,4). »Jesus musste«, sagen sie, »durch Samaria ziehen, weil es keinen anderen Weg gab, den er nehmen konnte. Deshalb war er gezwungen diesen Weg zu gehen.« Ja, zweifellos, aber dennoch hätte es einen anderen Weg geben können. Die Vorsehung führte es, dass er durch Samaria gehen musste und Samaria auf dem Weg lag, den er wählte. Die Vorsehung leitete die Menschen, Samaria direkt an dieser Straße zu bauen, und die Gnade machte es erforderlich, dass der Heiland diesen Weg ging. Und er sagte nicht: »Steig herab, Zachäus, denn ich *könnte* in deinem Haus bleiben«, sondern »ich *muss*.« Für den Heiland war dies unbedingt notwendig. Es war genauso notwendig, wie dass der Mensch sterben muss oder die Sonne uns am Tag Licht spendet und der Mond in der Nacht. Ebenso notwendig ist die Errettung jedes bluterkauften Kindes Gottes.

»Heute muss ich in diesem Haus bleiben!« Wenn der Herr dahin kommt, dass er etwas tun muss und will, was bedeutet das dann für den armen Sünder? Sonst fragen wir: »Soll ich ihn überhaupt reinlassen? Ein Fremder steht vor der Tür; er klopft wieder, wie er es schon zuvor getan hat. Soll ich ihn reinlassen?« Aber dieses Mal heißt es: »Ich *muss* in deinem Haus bleiben.« Er klopfte nicht an der Tür, sondern mit einem Schlag zerbarst die Tür in Stücke! Und so trat er ein: »Ich muss, ich werde, ich will. Ich störe mich nicht an deinem Einspruch, den deine Verdorbenheit und dein Unglaube erheben. Ich muss und will. Ich muss in deinem Haus bleiben.«

»Ich glaube nicht«, sagt jemand, »dass Gott mich je dazu bringen könnte, so zu glauben, wie du glaubst oder überhaupt Christ zu werden.« Aber wenn er geradeheraus sagt: »Heute muss ich in deinem Haus bleiben«, dann wirst du keinen Widerstand leisten. Einige unter euch würden die bloße Vorstellung, jemals »so ein frommer Methodist« zu werden, verächtlich von sich weisen. »Was wollen Sie, Sir? Sie denken doch nicht allen Ernstes, ich würde jemals einer Ihrer religiösen Leute werden?« Nein, mein Freund, ich *denke* es nicht nur, ich *weiß* es mit Sicherheit. Wenn Gott sagt, »ich muss«, kann man sich nicht dagegen wehren. Lass ihn das Wort »muss« sagen und es muss sein.

Eine Anekdote soll dies belegen. Ein Vater wollte seinen Sohn auf die Universität schicken, doch als er von dem Einfluss erfuhr, dem er ihn dort aussetzen würde, war er um das geistliche und ewige Wohl seines Lieblingskindes zutiefst besorgt. Er fürchtete, die Grundsätze des christlichen Glaubens, die er ihm einzuprägen versucht hatte, könnten gefährdet werden. Da er aber auf die Wirksamkeit des lebendigen Wortes vertraute, kaufte er ohne Wissen seines Sohnes eine schöne Bibel, die er ganz unten in seinem großen Koffer verstaute. So trat der junge Mann seine Zeit an der Universität an. Die Normen seiner frommen Erziehung waren bald abgeschüttelt, und er kam von Spekulationen zum Zweifel und vom Zweifel zur Verleugnung der Realität des christlichen Glaubens.

Nachdem er seiner Einschätzung nach weiser geworden war als sein Vater, entdeckte er eines Tages, während er seinen Koffer durchstöberte, zu seiner großen Überraschung und Entrüstung das heilige Gepäckstück. Er nahm die Bibel heraus, und als er darüber nachdachte, was er damit tun solle, entschied er sich, sie als Schmierpapier zum Abputzen seiner Rasierklinge zu benutzen. Jedes Mal wenn er sich rasierte, riss er ein oder zwei Seiten aus dem heiligen Buch heraus, bis fast nur noch die Hälfte übrig war. Doch während er sich so schändlich an dem heiligen Buch verging, sprang ihm hin und wieder eine Stelle ins Auge, die wie einen spitzer Pfeil in sein Herzen drang.

Schließlich hörte er eine Predigt, die ihm seinen wahren Charakter aufdeckte. Sie beschrieb den über ihn verhängten Zorn Gottes und besiegelte bei ihm den Eindruck, den er beim Rausreißen des letzten Blattes der heiligen, nunmehr geschändeten Schrift gewonnen hatte. Hätten ihm Welten gehört, er hätte sie gern gegeben, um, wenn möglich, seine Tat ungeschehen zu machen. Am Fuß des Kreuzes fand er schließlich Vergebung. Die zerrissenen Blätter seiner heiligen Bibel brachten Heilung für seine Seele, denn sie ließen ihn auf Gottes Gnade vertrauen, die selbst für den größten Sünder ausreicht.

Ich sage euch, es gibt nicht einen Sünder, der durch die Straßen streift und die Luft mit seinen Lästerungen verunreinigt, keinen lebenden Menschen, selbst wenn er beinahe so böse wäre wie Satan, den die Gnade nicht erreichen kann – sofern er ein Kind des Lebens ist. Und wenn Gott sagt: »Heute *muss* ich in deinem Haus bleiben«, dann wird er das ganz gewiss tun.

Lieber Zuhörer, wird dir jetzt vielleicht klar, dass du dich eine lange Zeit gegen das Evangelium gesperrt hast, es aber heute nicht länger durchhalten kannst? Spürst du die starke Hand, die dich ergriffen hat? Hörst du eine Stimme: »Sünder, ich muss in deinem Haus bleiben. Du hast mich häufig verspottet, über mich gelacht, ins Angesicht der Gnade gespuckt, mich oft gelästert, aber Sünder, ich muss in deinem Haus bleiben. Dem Missionar hast du gestern die Tür vor der Nase zugeschlagen und sein Traktat verbrannt. Du hast den Prediger ausgelacht, die Gemeinde Gottes verflucht und den Sonntag entehrt, aber, Sünder, ich muss in deinem Haus bleiben. Und ich werde!«

»O Herr«, sagst du, »in meinem Haus bleiben? Aber es ist ganz mit Sünde überdeckt. In meinem Haus bleiben! Aber dort gibt es nicht einen Stuhl oder Tisch, der mich nicht anklagt. In meinem Haus bleiben! Aber die Balken, Bretter und Bodendielen würden sich erheben und dir sagen, dass ich nicht wert bin, den Saum deines Gewandes zu küssen. Was, Herr, du willst in meinem Haus bleiben?«

»Ja«, erwidert er, »ich *muss*; es ist absolut notwendig. Meine mächtige Liebe nötigt mich. Ob du willst oder nicht, ich bin entschlossen, dich willig zu machen, und du wirst mich reinlassen.« Überrascht es dich nicht, dass Christus dich nicht nur bittet, zu ihm zu kommen, sondern sich selbst an deinen Tisch einlädt? Und noch mehr: Wenn du ihn abweist, sagt er freundlich: »Ich muss, ich werde eintreten.« Ist es nicht erstaunlich, wie Christus einem Sünder nachgeht, ihm nachweint und ihn dazu bringt, sich erretten zu lassen? Genau das tut Jesus mit den Auserwählten. Der Sünder läuft vor ihm weg, aber die freie Gnade verfolgt ihn und sagt: »Sünder, komm zu Christus.« Wenn unsere Herzen verschlossen sind, legt Christus seine Hand auf die Türklinke, und wenn wir nicht aufstehen, sondern ihn kalt abweisen, sagt er zu uns: »Ich muss, ich werde reinkommen.« Er weint über uns, bis seine Tränen uns gewinnen; er ruft uns hinterher, bis wir auf seinen Ruf hören. Und zur von ihm festgesetzten Stunde kommt er schließlich in unser Herz und nimmt es als Wohnung ein. Jesus sagte: »Ich muss in deinem Haus bleiben.«

8. Die Berufung ist wirksam

Es war ein *wirksamer* Ruf, denn wir können seine Früchte erkennen. Zachäus' Tür war geöffnet, sein Tisch gedeckt, sein Herz großzügig, seine Hände gewaschen, sein Gewissen entlastet und seine Seele voll Freude. »Siehe, Herr«, sagte er, »die Hälfte meiner Güter gebe ich den Armen, und wenn ich von jemand etwas durch falsche Anklage genommen habe, so erstatte ich es vierfach.« Einen ansehnlichen Teil seines Besitzes gab er fort. Zachäus, heute Abend wirst du ein ganzes Stück ärmer sein als noch am Morgen, aber auch reicher. Im Vergleich zu der Zeit, als du auf den Baum klettertest, wirst du an weltlichen Gütern ärmer sein, aber reicher, unendlich reicher an himmlischen Schätzen.

Sünder, ob Gott dich ruft, lässt sich daran erkennen, dass
er mit wirksamem Ruf ruft, und nicht mit einem Ruf, den du
hörst und anschließend vergisst, sondern mit einem, der gute
Früchte hervorbringt. Wenn Gott dich heute Morgen gerufen
hat, wirst du den Bierkrug stehen lassen und mit dem Beten
beginnen. Wenn Gott dich heute Morgen gerufen hat, wird
in deinem Geschäft nicht *ein* Fensterladen herunter gelassen
sein, sondern *alle*, und an der Tür prangt ein Schild: »Dieses
Geschäft ist am Sonntag geschlossen und wird Sonntags nie
wieder geöffnet haben.« Morgen werden diese oder jene weltlichen Vergnügungen stattfinden, aber wenn Gott dich gerufen
hat, wirst du nicht hingehen. Und wenn du jemanden beraubt
hast (und wer weiß, vielleicht sitzt ein Dieb unter meinen Zuhörern), wirst du, wenn Gott dich ruft, das Gestohlene zurück-
erstatten. Du wirst alles aufgeben, was du hast, um Gott mit
ganzem Herzen zu folgen. Wir glauben, jemand ist erst dann
bekehrt, wenn er seinem falschen Lebenswandel abschwört
und er Christus ganz praktisch als Herrn seines Gewissens an-
erkennt und seine Freude am Gesetz hat. »Zachäus, steig eilends herab! Denn heute muss ich in deinem Haus bleiben.« Er
beeilte sich, stieg herab und nahm ihn freudig auf. »Zachäus
aber stand und sprach zu dem Herrn: Siehe, Herr, die Hälfte
meiner Güter gebe ich den Armen, und wenn ich von jemand
etwas durch falsche Anklage genommen habe, so erstatte ich
es vierfach. Jesus aber sprach zu ihm: Heute ist diesem Haus
Heil widerfahren, weil auch er ein Sohn Abrahams ist; denn
der Sohn des Menschen ist gekommen, zu suchen und zu retten, was verloren ist.«

Einige Lektionen

Eine Lektion für die Stolzen. Steigt herab, ihr stolzen Herzen, steigt
herab! Die Gnade fließt durch die Täler, erklimmt aber nicht die
Berggipfel. Steigt herab, steigt herab, ihr hochmütigen Geister!
Die hochmütige Stadt macht er dem Erdboden gleich und baut
sie dann auf.

Eine Lektion für die armen, verzweifelten Seelen: Ich freue mich,
euch heute in Gottes Gemeinde zu begrüßen. Das ist ein gutes

Zeichen. Mir ist es einerlei, weshalb ihr gekommen seid. Vielleicht habt ihr gehört, hier stehe ein seltsamer Prediger auf der Kanzel. Stört euch nicht daran. Ihr seid alle ebenso seltsam wie er. Es muss so sein, dass seltsame Menschen sich mit anderen seltsamen Menschen zusammen finden. Nun ist hier heute eine große Menschenmenge versammelt; lasst mich daher eine Illustration verwenden. Ich möchte euch mit einem großen Haufen Asche vergleichen, unter den ein paar Eisenspäne gestreut sind. Sollte meine Predigt von göttlicher Gnade begleitet sein, wird sie wie ein Magnet wirken: Kein einziger Aschepartikel wird von ihr angezogen – sie werden bleiben, wo sie sind –, aber die Eisenspäne wird sie herausziehen. Hier sitzt ein Zachäus, eine Maria, ein Johannes, eine Sara oder ein Thomas – Gottes Auserwählte. Sie sind Eisenspäne in einer Versammlung von Asche, und mein Evangelium, das Evangelium des heiligen Gottes, zieht sie wie ein großer Magnet aus dem Haufen. Schon kommen sie heraus. Warum? Weil zwischen dem Evangelium und ihren Herzen eine magnetische Anziehungskraft besteht.

O du armer Sünder, komm zu Jesus, glaube seiner Liebe, vertraue seiner Gnade! Wenn du den Wunsch hast, zu ihm zu kommen, wenn du dich durch die Asche zwängst, um zu Christus zu gelangen, dann liegt das daran, dass Christus dich ruft. Alle, die ihr wisst, dass ihr Sünder seid – jeder Mann, jede Frau und jedes Kind – ja, ihr kleinen Kinder (denn Gott hat mir einige von euch als Lohn gegeben), haltet ihr euch für Sünder? Dann glaubt an Jesus und lasst euch retten. Viele von euch sind aus Neugier hier hergekommen. O, dass ihr doch dem Heiland begegnen und errettet werden möget. Ich mache mir Sorgen um euch, dass ihr ins Feuer der Hölle kommt. O, hört auf Christus, solange er zu euch redet. Auch heute Morgen sagt er: »*Steige herab!*« Geht heim und demütigt euch vor Gott. Geht und bekennt eure Sünden, die ihr gegen ihn begangen habt. Geht heim und sagt ihm, dass ihr ohne seine souveräne Gnade elendige Schurken seid; dann vertraut auf ihn, um Ruhe zu finden, denn er hat schon längst für euch vorgesorgt. Ihr sagt: »O, ich will ja errettet werden, aber ich fürchte, er will es nicht.« Halt! Halt! Hört auf damit! Wisst ihr eigentlich, dass das schon an Blasphemie grenzt? Wäret ihr nicht so unwissend, würde ich euch sagen, das ist Blasphemie. Ihr könnt nicht auf Christus schauen, ohne dass er zuerst euch angeschaut hätte. Wenn ihr willens seid, errettet zu werden, ist er es, der euch diesen Willen gegeben hat. Glaubt an den Herrn Jesus Christus und lasst euch taufen, so werdet ihr errettet werden. Ich bin gewiss, dass der Heilige Geist euch ruft. Junger Mann dort drüben oder du am Fenster, beeile dich! Steig herab! Alter Mann, der du auf der Bank sitzt, steig herab. Kaufmann, dort drüben im Gang, beeile dich. Ihr Verheirateten und Jugendlichen, die ihr Christus nicht kennt, er möge auf euch schauen. Alte Großmutter, höre den Gnadenruf, und du, junger Bursche, vielleicht blickt Christus auf dich – ich hoffe, er tut es – und sagt zu dir: »Beeile dich und steig herab, denn heute muss ich in deinem Haus bleiben.«

Die Lehren der Gnade*
verleiten nicht zur Sünde

Predigt Nr. 1735, Sonntagmorgen, 19. August 1883, in der Exeter Hall

»Denn die Sünde wird nicht über euch herrschen, denn ihr seid nicht unter Gesetz, sondern unter Gnade. Was nun, sollen wir sündigen, weil wir nicht unter Gesetz, sondern unter Gnade sind? Das sei ferne!«
Römer 6,14.15

Letzten Sonntagmorgen habe ich aufzuzeigen versucht, dass der Kern des wahren Evangeliums die Lehre der Gnade Gottes ist. Nimmt man dem Evangelium die Gnade Gottes, wäre es seines Lebensnervs beraubt. Dann bliebe nichts übrig, was des Predigens, Glaubens und Verteidigens wert wäre. Gnade ist die Seele des Evangeliums; ohne sie ist das Evangelium tot. Gnade ist die Musik des Evangeliums; ohne sie fehlt dem Evangelium jeglicher Trost. Außerdem habe ich versucht, die Lehre der Gnade mit wenigen Worten darzulegen. Ich habe euch erklärt, wie Gott mit sündigen Menschen auf der Basis reiner Gnade handelt: Obwohl sie vor ihm schuldig und verdammungswürdig sind, schenkt er ihnen freie Vergebung, ungeachtet ihres bisherigen Charakters oder etwaiger vorhergesehener künftiger guter Werke. Allein von Erbarmen bewegt, ersann Gott einen Plan, um sie von der Sünde und ihren Folgen zu retten – einen Plan, in dem Gnade die Hauptsache ist. Aus freier Gunst hat er im Tod seines geliebten Sohnes ein

---

* Als »Lehren der Gnade« (engl. *Doctrines of Grace*) werden bezeichnet: 1. die völlige Verdorbenheit des Menschen, 2. die souveräne vorzeitliche Erwählung, 3. das stellvertretene, wirksame Opfer von Golgatha, 4. das souveräne Wirken des Heiligen Geistes bei der Wiedergeburt und 5. die ewige Sicherheit des Heils mit dem Ausharren in Heiligkeit. Diese fünf Lehren bilden auch die so genannten »fünf Punkte des Calvinismus«.

Sühneopfer bereitgestellt, auf dessen Grundlage er seine Gnade in Gerechtigkeit zuteilen kann. Er nimmt all jene an, die auf dieses Sühneopfer vertrauen; er wählt dabei den Glauben als das Mittel zur Errettung, damit alles aus Gnade sei. Damit handelt er aus einem Motiv, dass allein in ihm selbst begründet ist und nicht im vergangenen, gegenwärtigen oder künftigen Verhalten des Sünders.

Ich habe aufzuzeigen versucht, dass dem Sünder diese Gnade Gottes schon vor ewigen Zeiten zuteil wurde und bereits an ihm zu wirken beginnt, wenn noch nichts Gutes an ihm zu finden ist. Sie ist es, die in ihm das Gute und Wohlgefällige bewirkt, bis das Werk der Gnade vollendet ist und der Gläubige in die Herrlichkeit eingeht, für die er zubereitet wurde. Gnade ist es, die die Errettung des Menschen beginnt, und sie wirkt beharrlich an ihm, bis alles vollendet ist. Von Anfang bis zum Ende, vom A bis zum Z des himmlischen Alphabets, ist an der Errettung alles aus Gnade und *allein* aus Gnade. Alles ist freie Gunst und nichts Verdienst. »Denn aus Gnade seid ihr errettet durch Glauben, und das nicht aus euch, Gottes Gabe ist es« (Eph 2,8). »So liegt es nun nicht an dem Wollenden, auch nicht an dem Laufenden, sondern an dem sich erbarmenden Gott« (Röm 9,16).

Sobald diese Lehre klar und deutlich präsentiert wird, beginnt der Mensch auch schon, sie zu kritisieren. Sie ist die Zielscheibe für die Logik des natürlichen Menschen. Unerrettete mögen sie nicht und werden sie auch nie mögen. Sie demütigt den menschlichen Stolz und widerlegt die Annahme, der Mensch sei von Natur aus edel. Sie können die Lehre nicht ertragen, dass der Mensch durch Gottes Barmherzigkeit errettet werden muss, dass er wie ein verurteilter Verbrecher Begnadigung braucht – was Gottes königliches Vorrecht ist – oder andernfalls in seinen Sünden umkommt. Die souveräne Gnade erhebt allein Gott; der Sünder kann nichts anderes tun, als das silberne Zepter berühren und Gottes unverdiente Gunst annehmen, weil Gott willens ist, sie zu gewähren. Das ist wenig schmeichelhaft für unsere großen, philosophischen Geister und die breiten Gebetsriemen unserer Moralisten. Deshalb wenden sie sich ab und bekämpfen das Reich der Gnade. Sogleich fährt der Unwiedergeborene schwere Artillerie auf, mit der er das Evangelium der Gnade Gottes bekämpft.

Eine seiner größten Waffen, die er je an die Front brachte, ist die Behauptung, die Lehre der Gnade Gottes müsse zu Ausschweifung führen. Wenn große Sünder ohne Gegenleistung errettet werden, sei der Mensch eher geneigt, ein großer Sünder zu werden. Und wenn Gottes Gnade ewiges Leben gibt, das nie wieder verloren geht, dann würden die Menschen schließen, sie könnten leben, wie sie wollen, ohne ihr Heil zu verlieren. Das ist der stetig wiederholte Einwand, den ich so oft gehört habe, dass mich sein eitler und falscher Lärm ermüdet. Es ist mir geradezu peinlich, ein solch elendiges Argument widerlegen zu müssen. Sie wagen zu behaupten, der Mensch nähme sich die Freiheit zu sündigen, weil Gott gnädig ist. Ohne Zögern sagen sie, wenn die Menschen nicht durch gute Werke errettet werden, müssten sie schließen, ihr Verhalten spiele keine Rolle und sie könnten ebenso gut sündigen, damit die Gnade zunehme.

Heute Morgen möchte ich über diese Auffassung sprechen, denn zum einen ist sie ein großer Irrtum und zum anderen eine ebenso große Lüge. Sie ist ein Irrtum, weil sie auf Missverständnissen beruht, und eine Lüge, weil die Menschen es besser wissen oder besser wissen könnten, wenn sie nur wollten.

Ich beginne mit dem Zugeständnis, dass der Einwand durchaus berechtigt erscheint. Wenn wir durchs Land ziehen und verkünden: »Dem größten Sünder wird vergeben, wenn er an Jesus Christus glaubt, denn Gott erweist dem allerübelsten Menschen Gnade«, so würde man Sünde wahrscheinlich für eine billige Lappalie halten. Würden wir überall ausrufen: »Kommt, Sünder, kommt herbei und empfangt freie und sofortige Vergebung durch Gottes souveräne Gnade«, werden wahrscheinlich einige niederträchtig erwidern: »Lasst uns munter weiter sündigen, denn Vergebung ist leicht zu bekommen.«

Aber was wahrscheinlich aussieht, ist noch lange nicht sicher. Im Gegenteil, häufig geschieht das Unwahrscheinliche und Unerwartete. In Sachen Moral ist nichts irreführender als Theorie. Der Weg der Gedanken kann nicht mit Bleistift und Zirkel festgelegt werden – der Mensch ist ein sonderbares Wesen. Selbst das Logische ist nicht immer zwangsläufig, da der menschliche Verstand nicht von Schulregeln bestimmt wird. Ich glaube, die Schlussfolgerung, man könne munter weiter sündigen, weil die Gnade herrscht, ist nicht logisch, sondern das genaue Gegenteil. Realistisch betrachtet, wage ich zu behaupten, Gottlose entschuldigen ihre Sünde in der Regel nicht mit der Gnade Gottes. In der Regel sind sie zu gleichgültig, um sich überhaupt Gedanken über die Ursache zu machen, und wenn doch, nennen sie gewöhnlich fadenscheinige und oberflächliche Gründe. Es mag einige mit verdrehtem Verstand geben, die dieses Argument benutzen, aber von einem Intelligenten unter denen mit sündigem Verstand habe ich das noch nie gehört. Ich hege den Verdacht, dass eine solche Argumentation stets bloß ein Vorwand ist und keineswegs eine Entschuldigung, die das Gewissen des Sünders beruhigt. Wenn sich Menschen damit entschuldigen, dann im Allgemeinen in versteckter Form, denn die meisten von ihnen würden sich zutiefst schämen, dieses Argument offen auszusprechen. Ich frage mich, ob wohl der Teufel selbst so argumentieren würde: »Gott ist gnädig, also lasst uns weiter sündigen.« Das ist eine so diabolische Schlussfolgerung, dass ich sie meinen Mitmenschen nicht unterstellen möchte. Die Moralisten hingegen zögern nicht, andere derart zu diffamieren. Gewiss kann sich kein intelligentes Wesen selbst einreden, dass Gottes Güte ein Grund sei, noch mehr gegen ihn zu sündigen. Moralischer Irrsinn führt zu sonderbaren Argumenten. Aber ich bin zutiefst überzeugt, dass die Gnade Gottes in der Praxis nur sehr selten als Anlass zum Sündigen angesehen wird. Was auf den ersten Blick so wahrscheinlich wirkt, sieht bei näherer Betrachtung schon anders aus.

Ich habe zugegeben, dass einige wenige die Gnade Gottes tatsächlich in Ausschweifung verkehrt haben. Aber gewiss wird niemand etwas gegen eine Lehre einwenden, nur weil sie von einigen Niederträchtigen missbraucht wird. Kann nicht jede Wahrheit verdreht werden? Gibt es auch nur eine biblische Lehre, die nicht von Halunken zum Schaden pervertiert wurde? Haben Gottlose nicht eine schier unbegrenzte Kreativität, um Gutes in Böses zu verwandeln? Wenn wir eine Wahrheit verurteilen sollten wegen der Fehler Einzelner, die angeblich daran glauben, müssten wir unseren Herrn selbst verurteilen – wegen dem Fehlverhalten des Judas. Dann würde unser heiliger Glaube wegen Abgefallenen und Heuchlern vernichtet. Lasst uns wie vernünftig denkende Menschen handeln. Wir haben nichts gegen Stricke, nur weil arme Wahnsinnige sich damit erhängt haben; ebenso wenig würden wir für die Abschaffung der Metallwaren eintreten, nur weil scharfkantige Werkzeuge von Mördern benutzt werden.

Es mag nahe liegen, dass aus der Lehre der freien Gnade eine Lizenz zum Sündigen gemacht wird, aber ein genauerer Einblick in die seltsame Funktionsweise unseres Verstandes korrigiert diese Vermutung. So sündig der Mensch auch ist, ist er immer noch Mensch und kann sich deshalb nur schlecht mit gewissen Formen des Bösen anfreunden – wie zum Beispiel Undankbarkeit. Es ist wohl kaum menschlich, fortwährend jemanden zu kränken, der uns ständig Gutes tut.

Das erinnert mich an die Geschichte von einem halben Dutzend Knaben, die gewöhnlich von ihren strengen Vätern fast zu Tode geprügelt wurden. Zu der Truppe gehörte ein weiterer Knabe, der dafür bekannt war, dass seine Eltern ihn zärtlich liebten. Die Burschen trafen sich und beratschlagten, wie sie am besten einen Obstgarten plünderten. Sie waren darauf erpicht, dass es bald zur Sache gehe, außer dem sanft erzogenen Knaben, dem ihr Vorschlag nicht gefiel. Einer von ihnen meinte: »*Du* brauchst doch keine Angst zu haben. Wenn unsere Väter uns dabei erwischen, werden wir halb totgeschlagen, aber dein Vater wird *dir* kein Haar krümmen.« Der Knabe entgegnete: »Und du glaubst, weil mein Vater so gut zu mir ist, würde ich etwas Schlechtes tun und ihm Kummer bereiten? Nichts dergleichen werde ich meinem lieben Vater antun. Er ist so gut zu mir, dass ich ihn nicht betrüben kann.« Das Argument der Knaben überzeugte ihren Kameraden offenbar nicht, sondern die umgekehrte Schlussfolgerung war genauso einleuchtend und offenbar noch gewichtiger. Wenn Gott zu denen gut ist, die es nicht verdient haben, sündigen einige munter drauf los, aber andere von edlerer Art werden von der Güte Gottes zur Buße geleitet. Sie verachten das bestialische Argument, je mehr Gott liebe, desto aufsässiger könnten wir sein. Stattdessen ist ihnen klar, dass es böse ist, gegen einen gütigen Gott zu rebellieren.

Nebenbei bemerkt, kann ich mir nicht verkneifen zu sagen, dass ich in meiner Beobachtung Menschen kenne, die die bösen Auswirkungen der Gnadenlehre missbilligen, die aber aufgrund ihrer eigenen Moral absolut nicht als Richter über dieses Thema qualifiziert sind. Es muss schlecht um die Moral stehen, wenn sich unmoralische Personen zu ihren Wächtern erklären. Der Lehre von der Rechtfertigung durch Glauben wird häufig vorgeworfen, sie schade der Moral. Vor einiger Zeit zitierte eine Zeitung einen Vers aus einem unserer Lieder:

> Von Werken bist du müd' gemacht,
> doch warum plagst du dich so sehr?
> Hör auf damit, es ward vollbracht
> und lange schon ist's her.

> Wenn nicht auf Jesu Werk dich stützt
> und glaubend einfach ihm vertraust
> dein eignes Tun dir gar nichts nützt
> mit Tun dein Grab dir baust.

Das wurde in dem Artikel als verderbliche Lehre bezeichnet. Als ich den Artikel las, hätte ich gerne mal gewusst, wer da Luther und Paulus zu korrigieren meint, und ich fragte mich, wie viel er wohl getrunken hatte, um seinen Verstand so auf die Spitze der theologischen Erkenntnis zu erheben. Mir sind Leute untergekommen, die gegen die Lehren der Gnade predigten, weil diese Lehren angeblich keine Moral förderten. Ihnen konnte ich zu Recht entgegnen: »Was hat Moral mit dir zu schaffen oder du mit der Moral?« Sie nehmen es pedantisch genau mit den guten Taten, praktizieren sie selber aber kaum. Mögen sich die Gesetzlichen um ihre eigenen Hände und Zungen kümmern und mögen sie das Evangelium der Gnade und seine Verfechter für sich selbst sprechen lassen.

Blicke ich in die Geschichtsschreibung zurück, sehe ich, wie auf ihren Seiten die häufig wiederholte Verunglimpfung widerlegt wird. Wer wagt zu unterstellen, dass die Menschen, die an die Gnade Gottes glaubten, größere Sünder waren als andere? Trotz all ihrer Fehler haben nur wenige ein Recht, mit Steinen auf sie zu werfen, nachdem sie zuerst ihren eigenen Charakter überprüft haben. Wann waren jene, die an die Gnade glauben, Schirmherren des Lasters oder Verteidiger der Ungerechtigkeit? Schaut auf die Zeit in der englischen Geschichte, als diese Lehre im Land vorherrschte; wer waren die Männer, die diese Lehren hochhielten? Männer wie Owen, Charnock, Manton, Howe und, ich zögere nicht, Oliver Cromwell hinzuzuzählen. Was für Männer waren das? Haben sie etwa in höfischer Ausschweifung gelebt? Haben sie ein *Book of Sports** zur sonntäglichen Zerstreuung eingeführt? Sind sie in Kneipen und auf Festtrubel verkehrt? Jeder Historiker wird euch sagen: In den Augen ihrer Gegner war der größte Fehler dieser Männer, dass sie es in ihrer Generation zu genau nahmen. Deshalb wurden sie Puritaner genannt und als Verfechter einer negativen Theologie abgestempelt. Wenn es damals etwas Lasterhaftes im Land gab, dann auf Seiten derer, die Errettung durch Werke predigten. Diese Herren mit ihren weibischen Locken und gefärbten Haaren, deren Sprache vor Gottlosigkeit nur so triefte, waren Verfechter einer Errettung durch Werke und menschliche Verdienste.

Aber die Männer, die an Gnade allein glaubten, waren aus einem anderen Holz. Sie fand man nicht unter den Aufrührern und Lüstlingen. Vielmehr waren sie auf ihren Knien anzutreffen, um Gott um Hilfe in der Versuchung anzuflehen. Und in Verfolgungszeiten fand man sie in Gefängnissen, wo sie um der Wahrheit willen freudig den Verlust ihres ganzen Besitzes erduldeten. Die Puritaner waren die gottesfürchtigsten Menschen auf der Erde. Sind die Menschen so widersprüchlich, dass sie den Puritanern den Spottnamen »die Reinen« verpassen und doch gleichzeitig sagen, die puritanischen Lehren verleiteten zur Sünde?

---

* Ein Erlass von König Jakob I. im Jahre 1618 (von Karl I. 1633 bestätigt), der Sonntagssport und Volksfeste ausdrücklich autorisierte und förderte, was von vielen Puritanern als Sonntagsschändung mit heidnischem Ursprung und als Anstoß zur Sünde gebrandmarkt wurde.

Der Puritanismus ist kein Einzelfall, die ganze Geschichte bestätigt diese Regel. Und wenn behauptet wird, diese Lehren führten zur Sünde, berufe ich mich auf die Tatsachen. Wenn wir je ein reines und gottesfürchtiges England sehen wollen, brauchen wir ein evangelisiertes England. Wenn wir Trunksucht und soziale Ungerechtigkeit abschaffen wollen, erreichen wir das nur durch die Verkündigung der Gnade Gottes. Der Mensch braucht die Vergebung aus Gnade, Wiedergeburt aus Gnade, Umgestaltung aus Gnade, Heiligung aus Gnade und Bewahrung aus Gnade. Wenn das geschieht, wird das goldene Zeitalter anbrechen, aber wenn man ihnen lediglich ihre Pflichten erklärt und sie dann ihrer eigenen Kraft überlässt um es selbst zu bewerkstelligen, ist es vergebliche Liebesmüh. Ein totes Pferd musst du lange schlagen, bis es sich rührt. Du musst es beleben, sonst verschwendest du nur deine Zeit. Einem Menschen ohne Füße das Gehen beizubringen ist eine beschwerliche Aufgabe, ebenso beschwerlich ist, jemanden moralisch zu unterweisen, bevor ihm die Gnade ein Herz verleiht, das Heiligkeit liebt. Nur das Evangelium gibt dem Menschen Motivation und Kraft, und deshalb müssen wir auf das Evangelium setzen, das allein den Menschen verändern kann.

Den vorgebrachten Einwand werde ich heute Morgen widerlegen, sofern ich die Kraft dazu finde. Die Lehre der Gnade und der ganze Gnadenheilsplan fördern Heiligkeit sehr. Wenn wir vor der Frage stehen: »Sollen wir sündigen, weil wir nicht unter Gesetz, sondern unter Gnade sind?«, helfen sie uns zu sagen: »Das sei ferne!« Um das in klares Sonnenlicht zu stellen, möchte ich eure Aufmerksamkeit auf sieben Punkte lenken.

1. Errettung bedeutet Rettung aus der Macht der Sünde

Als erstes möchte ich euch zeigen, wie das Evangelium der Gnade Gottes echte Heiligkeit bewirkt, indem ich euch daran erinnere, dass *das Heil in der Errettung aus der Macht der Sünde besteht*. Wenn wir den schlimmsten Sündern das Heil predigen, nehmen manche an, wir meinen damit nur die Rettung vor der Hölle und den Eingang in den Himmel. Das alles ist darin eingeschlossen und ergibt sich daraus, aber es ist nicht das, was wir meinen. Vielmehr denken wir bei Errettung an die Befreiung von der Liebe zur Sünde, an die Befreiung von der Gewohnheit und dem Wunsch zu sündigen. Wenn es stimmt, dass die Befreiung von der Sünde ein Geschenk der göttlichen Gnade ist, wie könnte diese freie Gabe dann Sünde hervorbringen? Ich sehe eine solche Gefahr nicht. Im Gegenteil, ich sage zu dem, der eine gnadenreiche Verheißung des Sieges über die Sünde verkündet: »Beeile dich, gehe durch die ganze Welt und erzähle den ärgsten Sündern, dass Gott in seiner Gnade willens ist, sie von ihrer Liebe zur Sünde zu befreien und neue Geschöpfe aus ihnen zu machen.«

Angenommen, die von uns gepredigte Errettung laute folgendermaßen: »Ihr alle, die ihr ein gottloses und böses Leben führt, könnt weiter euren Sünden frönen und doch der Strafe entfliehen.« – Das wäre tatsächlich verderblich. Aber was ist von folgender Botschaft zu halten: »Ihr alle, die ihr ein gottloses und böses Leben führt, könnt durch den Glauben an den Herrn Jesus befähigt werden, euer Leben zu ändern, sodass ihr Gott dient statt der Sünde und dem Teufel.« Welchen Schaden könnte das selbst den verbohrtesten Moralisten zufügen? Verbreitet ein solches Evangelium und lasst es in jeden Teil unseres *Empire* in Umlauf kommen. Lasst es alle Menschen hören, egal ob sie im Oberhaus herrschen oder im Gefängnis sitzen. Verkündet es allen überall, dass Gott in seiner unendlichen Gnade willens ist, Menschen die Wiedergeburt zu schenken und sie zu einer neuen Schöpfung in Christus Jesus zu machen. Können aus der freien Verkündung dieser Nachricht irgendwelche bösen Konsequenzen folgen? Je schlechter die Menschen sind, umso mehr würden wir uns freuen, wenn sie diese Wahrheit annehmen, denn sie benötigen sie am meisten. Wer ihr auch sein mögt und in welchem Zustand ihr euch befindet, ich sage zu euch allen: Gott kann euch in der Kraft seiner Gnade neues Leben geben. In seinen Augen seid ihr tote, verdorrte Gebeine, aber der Geist Gottes kann euch lebendig machen. Diese Auferweckung zeigt sich in heiligen Gedanken, reinen Worten und gerechten Taten zur Ehre Gottes. In seiner großen Liebe ist er bereit, diese Dinge in allen bewirken, die ihm glauben. Warum sollte irgendein Mensch über solch eine Aussage erzürnen?

Welches Unrecht könnte daraus hervorgehen? Ich widerstehe
den Einwänden der listigsten moralistischen Gegner, indem
ich dagegen halte, dass Gott dem Menschen ein neues Herz
und einen neuen Geist gibt, wie es ihm gefällt.

2. Das Prinzip der Liebe hat eine große Macht

Im Altertum träumten die Nationen davon, Kriminalität ließe
sich durch Strenge ausrotten. Deshalb vertrauten sie auf harte
Strafen. Doch die Erfahrung belehrte sie eines Besseren. Unsere Vorväter fürchteten die Straftat der Urkundenfälschung, die
ein lästiges Verbrechen ist und das zwischenmenschliche Vertrauen zerstört. Um Urkundenfälschung zu unterbinden, stell-
ten sie sie unter Todesstrafe. Wehe um die vielen Morde, die
durch dieses Gesetz vollzogen wurden! Obwohl viele Fälscher
am Galgen endeten, konnte dieses Verbrechen nicht ausgerot-
tet werden. Durch die Bestrafung, die das Vergehen eigentlich
unterdrücken sollte, wurden es nur vermehrt. Einige Straftaten
haben nahezu aufgehört, als die dafür vorgesehene Strafe ge-
lockert wurde.

Es ist eine bemerkenswerte Tatsache, dass sich der Mensch
geradezu danach sehnt, etwas zu tun, wenn es verboten ist, obwohl er sonst nicht einmal auf die Idee käme, es zu tun. Das
Gesetz fordert Gehorsam, fördert ihn aber nicht. Häufig führt
es zu Ungehorsam, und eine überharte Strafe provoziert be-
kanntlich erst recht Verbrechen. Das Gesetz scheitert, aber die
Liebe siegt.

Liebe macht Sünde stets um so niederträchtiger. Wenn einer den
anderen beraubt, ist das schon schlimm genug, aber wenn jemand seinen Freund bestiehlt, der ihm oft in Notlagen geholfen hat, würde das jeder als besonders verwerfliches Vergehen bezeichnen. Liebe prägt die Sünde mit einem glühenden
Brenneisen auf der Stirn ein. Wenn jemand seinen Feind töten,
ist das es eine schwere Straftat, aber wenn er seinen Vater er-
schlägt, dem er sein Leben verdankt, oder seine Mutter, die ihn
als Baby stillte, würden sich alle gegen diese Bestie erheben.
Angesichts von Liebe erscheint Sünde außerordentlich schwer-
wiegend.

Das ist noch nicht alles. *Liebe veranlasst mit großer Macht die höchsten Tugenden.* Werke, zu denen das Gesetz niemanden zu drängen vermag, wurden aus Liebe gerne getan. Würden unsere tapferen Seeleute aufgrund einer Parlamentsanordnung eine Seenot-Rettungsaktion unternehmen? Nein, sie würden rebellieren, wenn man sie zwänge, ihr Leben zu riskieren. Doch um das Leben ihrer Kameraden zu retten, täten sie es freiwillig. Erinnert euch an das Wort des Apostels: »Denn kaum wird jemand für einen Gerechten sterben; denn für den Gütigen möchte vielleicht jemand auch zu sterben wagen« (Röm 5,7). Liebe überwindet das Herz, sodass man eher bereit ist, für liebenswürdige und großmütige Menschen zu sterben. Seht, wie viele Menschen ihr Leben für große Führungspersonen dahingegeben haben! Man denke nur an die unvergessliche Bemerkung eines verwundeten französischen Soldaten. Als der Chirurg die Kugel entfernen wollte und immer tiefer schnitt, schrie der Soldat: »Ein bisschen tiefer und Sie stoßen auf den Kaiser!« Damit meinte er, dass der Name des Kaisers auf seinem Herzen geschrieben sei. Viele haben sich in denkwürdiger Weise in den Rachen des Todes gestürzt, um einen geliebten Führer zu retten. Aus Pflicht hält man die Stellung, aber aus Liebe wirft man sich vor die tödliche Kugel. Wem käme es in den Sinn, sein Leben fürs Gesetz zu opfern? Nur für die Liebe ist das eigene Leben nicht wichtiger als das Wohl eines geliebten Menschen. Liebe zu Jesus entfacht einen Heldenmut, den das Gesetz nicht kennt. Die ganze Geschichte der Gemeinde Jesu hat das unter Beweis gestellt, solange sie ihm treu war.

Güte hat auch – durch das Gesetz der Liebe – oft die unwürdigsten Menschen verändert und so bewiesen, dass sie nicht zu Bösem verleitet. Wir alle kennen die Geschichte des Soldaten, der im Rang degradiert, ausgepeitscht und inhaftiert wurde, sich jedoch trotz dieser Behandlung betrank und sich daneben benahm. Eines Tages sagte der befehlshabende Offizier: »Ich habe fast alles mit diesem Mann versucht, aber ich konnte nichts ausrichten. Eine Sache werde ich noch probieren.« Als der Mann hereingebracht wurde, sagte der Offizier zu ihm: »Sie scheinen unverbesserlich zu sein. Wir haben alles mit Ihnen versucht, anscheinend ist es ein hoffnungsloses Unterfangen, Ihr übles

Verhalten ändern zu wollen. Ich habe mich zu einem anderen
Plan entschlossen; mal sehen, ob der etwas bewirkt. Obwohl
Sie die Peitsche und eine lange Freiheitsstrafe verdienen, werde ich Ihnen ohne Gegenleistung vergeben.« Zutiefst gerührt
von der unerwarteten und unverdienten Begnadigung, wurde
der Mann ein guter Soldat.

Diese Anekdote ist ein so gutes Argument, dass ich euch
noch eine weitere erzählen möchte. Ein Trinker wachte eines
Morgens aus seinem Rausch auf, noch mit der Kleidung vom
Vortag am Leib. Er sah, wie ihm sein einziges Kind, seine Toch-
ter Millie, das Frühstück machte. Als er zur Besinnung kam,
sagte er zu ihr: »Millie, warum eigentlich bleibst du noch bei
mir?« Sie antwortete: »Weil du mein Vater bist und ich dich
lieb habe.« Er schaute sich im Spiegel an und sah, was für eine trunksüchtige, verlotterte und nichtsnutzige Kreatur er war.
Dann sagte er zu ihr: »Millie, hast du mich wirklich lieb?« Das
Kind sagte unter Tränen: »Ja, Vater, ich hab' dich lieb, und ich
werde dich nie verlassen, denn als Mutter starb, sagte sie: ›Millie, bleibe bei deinem Vater und bete beständig für ihn. Eines
Tages wird er das Trinken aufgeben und dir ein guter Vater
sein.‹ Deshalb werde ich dich nie verlassen.« Ist es nicht wun-
derbar, wie die Geschichte endet? Millies Vater gab das Trinken tatsächlich auf und wurde Christ. Es wäre erstaunlicher
gewesen, wenn es anders gekommen wäre. Millie versuchte es
mit freier Gnade! Doch laut unseren Moralisten hätte sie sagen
müssen: »Vater, du bist ein schrecklicher Schuft! Ich bin lange genug bei dir geblieben. Jetzt muss ich dich verlassen, sonst
stifte ich noch andere Väter zum Trinken an.« Bei so einer Re-
aktion, so fürchte ich, wäre Millies Vater ein Trinker geblieben,
bis er sich in die Verdammnis getrunken hätte. Aber die Macht
der Liebe machte einen besseren Mann aus ihm. Beweisen diese Beispiele nicht, dass unverdiente Liebe Gutes bewirkt?

Hier noch eine weitere Geschichte. In vergangenen Verfolgungszeiten lebte in Cheapside ein gottesfürchtiger Kaufmann, der die geheimen Zusammenkünfte der Gläubigen
besuchte. Nebenan wohnte ein armer Schuster, der in seiner
Armut oft Almosen von seinem Nachbar empfing. Doch dieser arme Mann hatte einen undankbaren, garstigen Charakter.

Weil er auf eine Belohnung hoffte, zeigte er seinen gottesfürchtigen Wohltäter wegen dessen religiöser Aktivitäten an. Diese Anzeige bedeutete für den Kaufmann den Feuertod, doch vor der Vollstreckung gelang ihm die Flucht. Als er zurück nach Hause kam, änderte er seine Großzügigkeit gegenüber dem bösen Schuster nicht, sondern war im Gegenteil noch freigebiger als zuvor. Der Schuster war jedoch übel gelaunt und ging dem Wohltäter wenn irgend möglich aus dem Weg und lief vor seinen Kontaktgesuchen fort.

Eines Tages konnte er es jedoch nicht vermeiden, ihm von Angesicht zu Angesicht gegenüberzustehen. Der Christ fragte ihn freundlich: »Warum meiden Sie mich? Ich bin nicht Ihr Feind. Ich weiß, was Sie mir angetan haben, aber ich hegte niemals Zorn gegen Sie. Ich habe Ihnen geholfen und bin bereit, dies bis zum Ende meines Lebens zu tun. So lassen Sie uns einfach Freunde sein.« Erstaunt es dich, dass sie sich die Hände reichten? Verwundert es, dass der arme Schuster kurz darauf in den Zusammenkünften der Lollarden* zu finden war?

All diese Geschichten beruhen auf der festen Tatsache, dass Gnade eine seltsame überwindende Macht hat und Menschen zur Güte leitet. »Mit menschlichen Tauen zog ich sie, mit Seilen der Liebe« (Hos 11,4). Der Herr weiß, dass der Schlüssel zu den Herzen der Menschen, so schlecht sie auch sind, an einem Nagel hängt, der Liebe heißt. Er weiß, dass letzten Endes seine allmächtige Güte triumphieren wird, auch wenn sie oft verschmäht wurde. Damit ist, für mich zumindest, meine Behauptung hinreichend bewiesen.

3. Wenn die Gnade wirkt, wird die Bosheit der Sünde offenbart

Man braucht nicht zu befürchten, dass die Lehre der Gnade zur Sünde verleitet, denn *die Wirkung der Gnade ist verbunden mit einer besonderen Offenbarung der Bosheit der Sünde.* Bevor Sünde

---

* Die Lollarden waren die verfolgten Wanderprediger unter dem Bibelübersetzers John Wycliff im 14. Jahrhundert; ihre Gemeinschaften bestanden bis ins 16. Jahrhundert fort.

vergeben wird – oder wenn sie vergeben wird – erscheint sie
äußerst bitter. Wenn Gott bei einem Menschen zu wirken beginnt, um ihm seine Sünden zu vergeben und ihn zu seinem
Kind zu machen, lässt er ihn üblicherweise zuerst die ganze
Scheußlichkeit seiner bösen Wege erkennen. Er lässt ihn mit
festem Blick auf die Sünde starren, bis er wie David ausruft:
»Meine Sünde ist stets vor mir« (Ps 51,5).

Als ich selbst von meiner Sünde überführt wurde, sah ich
in meinem Innern nichts Erfreuliches. In meiner Seele war
nur Finsternis und ein tobender Sturm. Es war, als sei mir der
Schrecken auf meine Augen gemalt worden. Wie ein grimmiger
Kammerherr zog die Schuld meine Bettvorhänge beiseite, sodass ich keine Ruhe fand, sondern in meinen Träumen den be-
vorstehenden Zorn erwartete. Ich spürte, dass ich Gott beleidi-
gt hatte, und dass dies das Fürchterlichste war, was ein Mensch
je tun könnte. Ich befand mich in Disharmonie mit meinem
Schöpfer und mit dem Universum. Ich hatte mich selbst auf
ewig verdammt und wunderte mich, dass ich nicht augenblicklich den unsterblichen Wurm an mir nagen fühlte. Sogar noch
heute verursacht der Anblick von Sünde die schrecklichsten
Empfindungen in meinem Herzen.

Wer unter den hier Anwesenden diese Erfahrung oder etwas Ähnliches ebenfalls durchgemacht hat, wird seither ein
tiefes Grauen vor der Sünde haben. Ein gebranntes Kind scheut
das Feuer. »Nein«, sagt der Sünder zu seinem Verführer, »du
hast mich schon einmal getäuscht, und die Folgen waren so
furchtbar, dass ich mich nicht mehr in die Irre führen lasse.
Ich wurde wie ein Holzscheit aus dem Feuer gerettet und kann
nicht ins Feuer zurückgehen.« Wenn die Gnade wirkt, werden
wir der Sünde überdrüssig; wir verabscheuen sowohl sie als
auch ihre vorgegaukelten Freuden. Am liebsten würden wir sie
aus unserem Wesen vollständig ausrotten. Sie ist verflucht, so
wie Amalek es für Israel war. Mein Freund, wenn du nicht alles
Sündige hasst, fürchte ich, bist du noch voll bitterer Galle, denn
Liebe zur Heiligkeit und Abscheu vor jedem falschen Weg ist
eine Frucht des Heiligen Geistes. Eine tiefe innere Erfahrung
verbietet dem Kind Gottes zu sündigen. Es kennt aus eigener
Erfahrung das Gericht und die Verdammnis, die der Sünde ge-

bühren, und deshalb ist sie ihm zuwider. Zwischen dem auserwählten Geschlecht und der bösen Brut der Schlange besteht eine erbitterte und ewige Feindschaft. Daher ist die Befürchtung, Gnade könnte missbraucht werden, absolut unnötig.

4. Gnade macht den Sünder zu einer neuen Schöpfung

Der begnadigte Mensch wurde nicht nur der Sünde überführt, sondern *Gottes errettende Gnade hat ihn auch zu einer neuen Schöpfung in Christus Jesus gemacht.* Mag die Lehre der Gnade in den Händen eines gewöhnlichen Menschen auch gefährlich sein, so ist sie es keineswegs für den, den der Heilige Geist lebendig gemacht und im Bild Gottes wiedergeboren hat. Der Heilige Geist kommt über den Auserwählten und gestaltet ihn um: Seine Unwissenheit verschwindet, seine Vorlieben werden verändert, sein Verstand wird erleuchtet, sein Wille gehorsam gemacht, seine Wünsche verbessert, sein Leben verändert – er ist tatsächlich wie neu geboren und für ihn und an ihm ist alles anders geworden. Die Bibel vergleicht diese Veränderung mit einer Totenauferstehung, mit einer Neuschöpfung und einer neuen Geburt. Dies geschieht bei jedem, der die freie Gnade Gottes empfängt. »Ihr müsst von neuem geboren werden« (Joh 3,7), sagte Christus zu Nikodemus.

Da wendet jemand ein: »Wenn ich glaubte, dass ich ewig errettet sei, würde ich in der Sünde leben.« Nun, *du* würdest das vielleicht tun, aber wenn du ein neues Herz hättest, würdest du nicht in Sünde leben. »Aber«, sagt er, »wenn ich glaubte, dass Gott mich vor Grundlegung der Welt geliebt hat und ich deshalb errettet werden soll, würde ich mich Hals über Kopf in die Sünde stürzen.« Gut möglich, dass *du* und der Teufel das täten, aber die wiedergeborenen Kinder Gottes haben keine so niederträchtige Natur. Für sie ist die überfließende Gnade des Vaters eine Verpflichtung zur Gerechtigkeit, gegen die sie niemals verstoßen wollten. Gern lassen sie sich durch heilige Dankbarkeit vom Sündigen abhalten und wünschen in der Furcht des Herrn vollkommene Heiligkeit zu erlangen. Alle Geschöpfe leben gemäß ihrer Natur, und der Wiedergeborene lebt die heiligen Instinkte seines erneuerten Denkens aus. Er ringt nach

Heiligkeit, bekämpft die Sünde, bemüht sich in allen Dingen um Reinheit und bringt all seine Kraft für das auf, was rein und vollkommen ist. Der ganze Unterschied besteht in dem neuen Herzen. Wenn jemand eine neue Natur hat, hat er auch ganz andere Neigungen. Die Segnungen, die Gott in seiner allmächtigen Liebe erteilt, erhöhen nicht das Risiko der Sünde, sondern fördern die allerhöchsten Ziele.

5. Das Sühnopfer reinigt den Begnadigten

Eine der wichtigsten Garantien für die Heiligkeit des Begnadigten findet sich in der *Reinigung durch das Sühneopfer.* Das Blut Jesu heilt ebenso wie es begnadigt. Der Sünder erkennt, dass seine freie Vergebung seinem besten Freund das Leben kostete. Zu seinem Heil erlitt der Sohn Gottes höchstpersönlich die schlimmsten Qualen, schwitzte sogar Blut und starb verlassen von seinem Gott. Wenn er auf die durchbohrten Hände des Herrn blickt, beklagt er dadurch bewegt seine Sünde. Im Herzen des begnadigten Sünders brennt eine starke Liebe zu Jesus, denn der Herr ist sein Erlöser. Deshalb hasst er die mörderische Bosheit der Sünde mit tiefer Abscheu. Jegliche Erscheinungsform des Bösen ist scheußlich für ihn, da das Herzblut des Heilands dafür fließen musste. Hört der reuige Sünder den Ruf, »Eloí, Eloí, lemá sabachtháni«, ist er entsetzt, dass ein so reiner und guter Mensch vom Himmel verlassen wurde wegen der Sünde, die er an der Seinen statt trug.

Aus dem Tode Jesu kann man schließen, dass Sünde in den Augen Gottes überaus sündig ist. Denn wenn die ewige Gerechtigkeit selbst den geliebten Sohn nicht schonte, als die ihm zugerechnete Sünde auf ihm lag, wie viel weniger wird sie schuldige Menschen schonen? Sünde muss unaussprechlich voller Gift sein, welches selbst den makellosen Jesus so schrecklich leiden ließ. Nichts wäre auszudenken, was eine größere Macht auf den begnadigten Verstand ausüben würde als der Anblick des gekreuzigten Heilands. Jede seiner Wunden und alle seine vergossenen Blutstropfen erklären, wie fürchterlich schlimm Sünde ist. Welche Vorstellung, in der Sünde zu leben, die Jesus ans Kreuz brachte! Sich an den Dingen zu vergnügen, die ihm den

Tod einbrachten! Mit dem zu spielen, was seine Herrlichkeit in den Staub legte! Unmöglich! Du siehst also: Wenn die Gaben der freien Gnade von einer durchbohrten Hand überreicht werden, ist es höchst unwahrscheinlich, dass sie zu Ausschweifung führen, sondern vielmehr zum genauen Gegenteil.

6. Der Heilige Geist hilft den Gläubigen täglich

Wer die Gnade Gottes empfangen und der neuen Natur teilhaftig geworden ist, bekommt fortan *die tägliche Hilfe des Heiligen Geistes*. Gott, der Heilige Geist, hat sich herabgelassen, um im Herzen von jedem zu wohnen, den Gott durch seine Gnade errettet hat. Ist das nicht ein wunderbares Mittel, um Menschen zu heiligen? Welche andere Maßnahme könnte wirkungsvoller von der Sünde fernhalten als der Heilige Geist, der als Mitregent im Herzen wohnt?

Der Heilige Geist leitet Gläubige an, viel zu beten. Welch eine Kraft zur Heiligung findet das Kind der Gnade darin, mit seinem himmlischen Vater zu sprechen! In Versuchung flieht der Gläubige in seine Kammer, schüttet seinem Vater sein Herz aus, blickt auf die blutenden Wunden seines Erlösers und steht gestärkt auf, um der Versuchung zu widerstehen.

Auch das Wort Gottes ist mit seinen Verfügungen und Verheißungen ein nie versagendes Mittel zur Heiligung. Würden wir nicht täglich in dieser heiligen Quelle ewiger Kraft baden, wären wir schon bald schwach und schwankend, aber die Gemeinschaft mit Gott verleiht uns neue Kraft für unseren Kampf gegen die Sünde. Wie soll es möglich sein, dass die Lehren der Gnade Menschen zur Sünde verleiten, die sich ständig Gott nahen? Zudem wird das Gewissen des Wiedergeborenen vom Geist Gottes oft erweckt, sodass Dinge, die ihm bisher nicht als sündig erschienen, in einem klareren Licht gesehen werden und er sie folglich verurteilt. Ich halte heute gewisse Dinge für Sünde, über die ich vor zehn Jahren noch anders dachte. Mein Urteilsvermögen wurde mehr und mehr von der Blindheit der Sünde befreit. Das Gewissen des natürlichen Menschen ist gefühllos und hart, aber das Gewissen des Wiedergeborenen wird immer weicher und empfänglicher, bis es schließlich so

empfindsam ist wie eine offene Wunde. Wer viel Gnade empfangen hat, ist sich bewusst, dass er noch mehr Gnade braucht.
Er fürchtet sich oft, einen Fuß vor den anderen zu setzen,
weil er Angst hat, etwas Falsches zu tun. Hast du diese heilige
Furcht, diese geistliche Vorsicht, noch nicht verspürt? Dadurch
bewahrt der Heilige Geist dich davor, deine christliche Freiheit
in Ausschweifung zu verkehren oder es zu wagen, Gottes Gnade als Argument für Dummheiten heranzuziehen.

Außerdem führt uns der Heilige Geist in die hochheilige Gemeinschaft mit Gott, und niemand kann auf dem Berg Gottes
leben und dann herabsteigen und sündigen wie die Weltmenschen. Wenn du durch den Palast der Herrlichkeit gegangen
bist und die Schönheit des Königs gesehen hast, bis dein Angesichts selbst strahlte wie der Himmel, kannst du dich mit der
düsteren Finsternis in den Zelten der Gottlosigkeit nicht zufrieden geben. Zu lügen, zu betrügen und zu heucheln wie die
Weltmenschen, ist nicht mehr schicklich für dich. Du gehörst
einem neuen Geschlecht an und deine Sprache hat ein höheres
Niveau: »Deine Sprache verrät dich.« Wenn du wirklich mit
Gott lebst, liegt der Duft der Elfenbeinpaläste auf dir und die
Menschen werden erkennen, dass du andere Orte liebst als sie.
Wenn das Kind Gottes eine falsche Richtung einschlägt, so ver-
liert es in gewissem Maße die Freude an der Gemeinschaft mit
Gott. Nur wenn der Gläubige aufmerksam mit Gott wandelt,
genießt er die volle Gemeinschaft. Gott benutzt das Fallen und
Aufstehen in seiner Gemeinschaft als eine Art elterliche Erzie-
hungsmaßnahme. Wir haben es nicht mit einem Richter zu tun,
sondern mit Gottes väterlichem Lächeln und seiner Rute. In
Gottes liebender Familie fehlt es nicht an Ordnung, denn Gott
handelt mit uns wie mit Söhnen. Dadurch ist jegliche Gefahr,
wir könnten Gottes Gnade missbrauchen, auf wirkungsvolle
Weise tausendfach ausgeräumt.

7. Die erhabene Stellung des Gläubigen bewahrt ihn vor Sünde

Auch die Erhabenheit an sich, zu welcher der Teilhaber der Gnade
Gottes erhoben wurde, ist ein besonderer Schutz vor der Sünde.

Auch wenn man darüber streiten mag, wage ich zu behaupten: Wer an die herrlichen Lehren der Gnade glaubt, ist üblicherweise weitaus vornehmer als jemand, der keine Meinung zu diesem Thema hat. Worüber denken die meisten Menschen nach? Brot und Butter, Miete und Kleidung. Doch diejenigen, die an die Lehren des Evangeliums denken, meditieren über den ewigen Gnadenbund, über Vorherbestimmung, unwandelbare Liebe, wirksame Berufung, Gott in Christus Jesus, das Werk des Heiligen Geistes, Rechtfertigung, Heiligung, Sohnschaft und dergleichen edle Themen. Es ist schon erquicklich, sich allein diese Liste großartiger Wahrheiten anzuschauen! Andere sind wie Kinder, die mit kleinen Sandhaufen am Strand spielen, aber wer an die freie Gnade glaubt, durchwandert Hügel und Berge. Die Themen, die ihn gedanklich umgebenden, ragen empor wie schneebedeckte alpine Berge. Mit seiner Umgebung erhebt sich auch sein Verstand und so wird er zu einem nachdenklichen Menschen, der sich mit erhabenen Dingen beschäftigt.

Für den Durchschnittsintellekt, der normalerweise auf dem Erdboden kriecht, ist das keine Kleinigkeit. Ich sage, dies ist keine Kleinigkeit, insofern dadurch seine Befreiung von bösen Lastern und erniedrigenden Begierden gefördert wird. Gedankliche Oberflächlichkeit ist die fruchtbare Mutter der Übeltat. Es ist ein verheißungsvolles Zeichen, wenn sich jemandes Gedanken um erhabene Wahrheiten drehen. Wem Gott das Nachdenken beigebracht hat, der sündigt nicht so leicht wie jemand, dessen Verstand unter seinem Fleisch beerdigt ist. Der Mensch hat jetzt ein anderes Selbstbild als zuvor. Das alte Selbstbild verleitete ihn, seine Zeit mit dem Gedanken zu vertreiben, dass es für ihn nichts Besseres gäbe, als so vielen Vergnügungen nachzugehen wie möglich. Doch jetzt sagt er sich: »Ich gehöre zu Gottes Auserwählten und wurde von ihm berufen als sein Sohn, Erbe und Miterbe Christi. Ich wurde ausgesondert, um ein König und Priester Gottes zu sein, und als solcher kann ich nicht gottlos sein oder den allgemeinen Lebenszielen nachjagen.« Das Ziel seines Strebens bedeutet geistliches Wachstum: Er kann nicht mehr für sich selbst leben, da er sich nicht selbst gehört, sondern um einen Preis erkauft wurde. Er lebt jetzt in der Gegenwart Gottes; für ihn ist das Leben real, ernst und erhaben. Es interessiert ihn nicht, Gold aus dem Dreck zu schaufeln wie die Habgierigen, denn er ist unsterblich und muss ewigem Gewinn nachstreben. Er weiß, dass er für göttliche Ziele geboren wurde und fragt: »Herr, was ist dein Wille?« Er spürt, dass er Gottes Liebe, die er selbst erfahren hat, an andere weitergeben muss. Gottes Erwählung einer einzelnen Person hat Auswirkungen auf alle anderen: Er erwählte Joseph, um eine ganze Familie, ein ganzes Volk, nein, die ganze Welt während der Hungersnot am Leben zu erhalten. Jeder von uns ist wie eine Lampe, die im Dunkeln leuchten und andere Lampen anzünden soll.

Wer durch Gnade errettet ist, auf dem türmen sich neue Hoffnungen auf. Sein unsterblicher Geist erfreut sich an Einblicken in die Ewigkeit. Da Gott ihn in der Zeit geliebt hat, glaubt er, dass ihn dieselbe Liebe in der Ewigkeit segnen wird. Er weiß, dass sein Erlöser lebt und er ihn am Ende seines Lebens sehen wird. Deshalb hat er keine Zukunftsangst. Noch hier unten beginnt er die Lieder der Engel zu singen, denn sein Geist erspäht von weitem das Morgengrauen der künftigen Herrlichkeit. So fröhlich wie zu einem Hochzeitsfest schreitet er mit freudigem Herzen und leichten Fußes in die unbekannte Zukunft.

Schluss

Ist ein Sünder hier, ein schuldiger Sünder, einer, der keinen Anspruch auf Gnade hat? Gibt es hier jemanden, der willens ist, durch Gottes freie Gnade im Glauben an Jesus Christus errettet zu werden? Dann will ich dir sagen: In der ganzen Bibel findet sich kein Wort, keine Zeile, keine Silbe, was dir entgegenstehen würde, stattdessen ist alles zu deinen Gunsten. »Das Wort ist gewiss und aller Annahme wert, dass Christus Jesus in die Welt gekommen ist, Sünder zu erretten« – selbst die größten aller Sünder. Jesus kam in diese Welt, um dich zu retten. Vertraue nur auf ihn und ruhe in ihm. Ich will dir sagen, was dich auf der Stelle zu Christus ziehen sollte: der Gedanke an seine erstaunliche Liebe.

Ein missratener Sohn machte seinem Vater viele Sorgen; er hatte ihn bestohlen und ihm Schande bereitet. Schließlich starb sein ergrauter Vater vor Kummer. Der Sohn war ein schrecklicher Schuft; niemand hätte ruchloser sein können. Beim Begräbnis seines Vaters hörte er jedoch, wie sein letzter Wille verlesen wurde. Vielleicht war das der Hauptgrund, weshalb er überhaupt gekommen war. Er war sich absolut sicher, dass sein Vater ihn keinen Schilling seines Erbes vermacht habe, und er wollte es dem Rest der Familie so unangenehm wie möglich machen. Doch zu seinem großen Erstaunen lautete das Testament etwa so: »Obwohl mein Sohn Richard mein Vermögen auf furchtbare Weise vergeudet und meinem Herzen oft Kummer bereitet hat, möchte ich ihn wissen lassen, dass ich ihn noch immer als mein geliebtes Kind betrachte. Deshalb hinterlasse ich ihm als Zeichen meiner unvergänglichen Liebe den gleichen Anteil wie seinen Brüdern.« Da verließ Richard den Raum; er konnte es nicht aushalten, die überraschende Liebe seines Vaters hatte ihn überwältigt.

Am nächsten Morgen ging er zum Testamentsvollstrecker und fragte ihn: »Haben Sie auch alles richtig vorgelesen?« »Ja, habe ich. Dort steht's.« »Dann«, sagte er, »bin ich bereit, mich selbst dafür zu verfluchen, dass ich meinem lieben, alten Vater jemals Kummer gemacht habe. O, wenn ich ihn doch nur zurückholen könnte!« Durch den unerwarteten Liebesbeweis war in diesem verkommenen Herzen Liebe erweckt worden.

Ist dein Fall möglicherweise ganz ähnlich? Unser Herr Jesus Christus ist gestorben, aber in seinem Testament hat er hinterlassen, dass die größten Sünder Gegenstand seiner erlesensten Gnade sind. Sterbend betete er: »Vater, vergib ihnen!« Als Auferstandener bittet er für Sünder. Er denkt ständig an sie; ihre Rettung ist sein großes Ziel. Sein Blut ist für sie, sein Herz, seine Gerechtigkeit, sein Himmel – alles ist für sie. Kommt, ihr Schuldigen, und nehmt euer Erbe in Empfang. Streckt die Hand des Glaubens aus und nehmt euer Teil. Vertraut Jesus mit eurer Seele, und er wird euch retten. Gott segne euch. Amen.

Nachwort des deutschen Herausgebers

Die englischsprachige Christenheit ist hinsichtlich der wichtigen Frage, wie Sünder errettet werden, in zwei klassische Lager geteilt: Die Calvinisten (nach dem Reformator Johannes Calvin benannt) betonen die Souveränität Gottes und lehren, dass die Errettung ganz bei Gott liegt: Er hat vor Grundlegung der Welt die Seelen erwählt; Christus hat mit seinem Kreuzesopfer ihre Errettung besiegelt und der Heilige Geist bringt sie durch die Evangeliumsverkündigung souverän zu Buße und Glauben. Die Arminianer (nach dem Gegenspieler Calvins, Jakob Arminius) betonen hingegen die Verantwortung und Fähigkeit des Menschen und lehren, dass seine freie Willensentscheidung ausschlaggebend für die Errettung sei.

In den Predigten in diesem Buch spricht sich Charles Haddon Spurgeon (1834–1892) deutlich gegen arminianische Auffassungen aus, die sich im 19. Jahrhundert ausbreiteten. Sie verdrängten damals zunehmend den biblisch-reformatorischen Glauben, dass die Errettung ganz von Gott ausgeht. Gleichzeitig erbaut Spurgeon mit gesunder Lehre und eindrücklicher Sprache seine Zuhörer in ihrem Glauben.

Im deutschsprachigen Raum ist die Aufteilung in die besagten zwei Gruppen glücklicherweise nicht so deutlich. Das ist gut so und soll so bleiben; aber nicht gut ist, wenn die betreffenden zentralen Themen der Erlösung vernachlässigt oder ignoriert werden, und ebenfalls bedauerlich ist, wenn Einigkeit nicht auf biblisch richtiger Überzeugung beruht, sondern auf einem gemeinsamen Vertreten der gleichen Irrtümer – sei es bewusst oder unbewusst.

Denn hierzulande entspricht die unter den Evangelikalen landläufige Vorstellung von der Erlösung weitgehend der arminianischen Ansicht, ohne dass man sich dessen unbedingt bewusst ist. Eine Ursache ist vielleicht, dass sich im Lauf des letzten Jahrhunderts in der Evangeliumsverkündigung etliche arminianischen Praktiken durchgesetzt haben: Oft wird die menschliche Entscheidungen in den Mittelpunkt gestellt (oder bei Evangelisationen wird gar dahingehend emotional manipuliert), die völlige Verdorbenheit der menschlichen Natur unterschlagen, menschzentriert statt gottzentriert verkündigt und das Erlösungswerk in unangemessen oberflächlicher Weise lediglich als allgemeingültiges Angebot hingestellt.

Die Lösung liegt jedoch nicht im Bekennen des richtigen Systems, sei es Arminianismus oder Calvinismus. Wir sind überzeugt, dass der Arminianismus zwar grundsätzlich schon im Ansatz falsch, doch auch der Calvinismus nicht frei von Fehleranfälligkeit. Zum Beispiel denken bei diesem Schlagwort viele an eine angebliche göttliche Vorherbestimmung zur Verdammnis. Doch lehrt die Bibel auch eine Erwählung zur Verdammnis? Wir finden folgendes Prinzip:

- *Göttliche Erwählung* – gereicht zum Heil, aber nicht zur Verdammnis
- *Menschlicher Wille* – gereicht zur Verdammnis, aber nicht zum Heil

Hier ist nicht der Platz, um die dadurch aufgeworfenen Fragen zu besprechen. Diese zwei prägnant formulierten Aussagen sollen einfach den biblischen Befund auf den Punkt bringen und uns zum Fazit leiten: Der Arminianismus irrt darin, dass er die Errettung auf eine freie Willensentscheidung gründet, und die extreme Form des Calvinismus geht zu weit, wenn sie die Verdammnis mit Gottes Erwählung begründet.

Ein weiteres Beispiel, weshalb der Calvinismus mit negativen Assoziationen behaftet ist, ist das Missverständnis, ein solcher Glaube würde die Mission und Evangelisation lähmen und die Sünder nicht mit ihrer Verantwortung konfrontierten, Buße zu tun. Wie gesagt, ist das ein Missverständnis; der echte Calvinismus lehrt das keineswegs. Die Geschichte zeigt genau das Gegenteil: Bedeutende Missionare und Evangelisten wie George Whitefield, Willam Carey, Charles Spurgeon und unzählige andere glaubten von ganzem Herzen an die Souveränität Gottes in der Errettung und an die Notwendigkeit aktiver, weltweiter Mission.

Die Bibel lehrt beides: die Verantwortung des Menschen und die souveräne Erwählung Gottes. Genau diese Ausgewogenheit betonte auch C. H. Spurgeon. In der Predigt »Erwählung«, die in diesem Buch enthalten ist, sagt er (vgl. S. 45):

> Wir müssen Gottes Souveränität lehren und die Verantwortung des Menschen. Wir müssen die Erwählung lehren, aber wir müssen auch an dein Herz appellieren und dich mit Gottes Wahrheit konfrontieren. Das müssen wir dir sagen und dich daran erinnern. Denn wenngleich geschrieben steht: »Dein Heil steht allein bei mir«, so steht auch im selben Vers geschrieben: »Israel, du bringst dich in Unglück« (Hos 13,9).

Ähnlich prägnant finden wir beide Seiten in Johannes 6,37-44, wo der Herr Jesus sagt:

> Alles, was mir der Vater gibt, wird zu mir kommen, und wer zu mir kommt, den werde ich nicht hinausstoßen … Niemand kann zu mir kommen, wenn nicht der Vater, der mich gesandt hat, ihn zieht …

Biblische Ausgewogenheit bedeutet jedoch nicht Gleichgültigkeit, Toleranz oder eine oberflächliche Anti-Lehre-Haltung, ganz im Gegenteil. Sie bedeutet, aus der Bibel feste Überzeugungen gewonnen zu haben. Zu keiner Seite wollen wir umfallen, sondern wie ein Stehauf-Männchen vom Gewicht biblischer Wahrheit stets in die einzig rechte Lage gebracht werden. Die Predigten in diesem Buch mögen zur Festigung eines solchen überzeugten Glaubens dienen – oder auch zum Verwerfen bisheriger unbiblischer Ansichten.

Hans-Werner Deppe

Buchempfehlung

Tim Kelly
Auserwählt und eins gemacht

Die Lehren der Gnade als Heilmittel gegen Spaltung

Betanien Verlag
Paperback · 301 Seiten
ISBN 978-3-945716-80-9
14,90 Euro

Tim Kelly, Dozent am EBTC und Pastor einer bibeltreuen Gemeinde in Meine, Niedersachen, zeigt überzeugend, wie im Neuen Testament die „Lehren der Gnade" dazu verwendet werden, die praktische Einheit unter den Gläubigen zu etablieren. Außerdem bietet dieses Buch eine ausführliche Darlegung und biblische Verteidigung der als reformatorische „Lehren der Gnade" bekannten Lehrpunkte:

- die völlige Verdorbenheit des Menschen
- die vorbedingungslose Erwählung zum Heil
- das wirksame Sühnopfer Christi
- das souveräne Wirken Gottes bei der Bekehrung
- das Ausharren der Gläubigen bis ans Ende

Dem Leser wird nahe gebracht, in welch herrlicher Weise alle drei Personen Gottes die Errettung von Sündern sicherstellen. Der Autor erklärt zudem, warum die Lehre der Erwählung die Evangelisation nicht hindert, sondern vielmehr fördert. Auch auf die üblichen Einwände gegen diese Lehre geht er ein. Diese erweiterte Neuausgabe enthält nun auch ausführliche Erklärungen zu Römer 9-11 und Hebräer 6 und 10, die manchmal als Argumente gegen die Heilssicherheit angeführt werden.

Weitere Bücher vom Betanien Verlag

James Montgomery Boice, Philipp G. Ryken
Die Lehren der Gnade
Eine Erklärung und Verteidigung der fünf Punkte des Calvinismus
Paperback · 250 Seiten · ISBN 978-3-935558-91-4 · 9,90 Euro
Die Autoren präsentieren nicht nur eine präzise Darstellung der Gnadenlehren, sondern auch ihre historische Entwicklung und Wirkung. Zudem entblößt es den traurigen Zustand, der die Gemeinde heimsucht, wenn diese Lehren abgestritten oder vernachlässigt werden.

Bobby Jamieson
Gesunde Lehre
Wie eine Gemeinde in der Liebe und Heiligkeit Gottes wächst
Paperback ·111 Seiten · ISBN 978-3-945716-40-3 · 9,90 Euro
»Die Bibel ist für gesunde Lehre da, gesunde Lehre ist für das echte Leben da und das echte Leben ist für echtes Gemeindewachstum da. Das verdeutlicht Jamieson und trifft damit den Nagel brillant auf den Kopf.« (Mark Dever). Ein Buch as der Reihe *9 Merkmale gesunder Gemeinden.*

R.C. Sproul
Bibelstudium für Einsteiger
Eine Einführung in das Verstehen der Heiligen Schrift
Paperback · 140 Seiten · ISBN 978-3-935558-89-1 · nur 5,90 Euro
Der Autor fördert persönliches Bibelstudium als Vermächtnis der Reformation. In verständlichem Stil vermittelt er eine solide Hermeneutik (Lehre vom rechten Verstehen der Bibel). Mit Übungsteil.

C.H. Spurgegon
Das Evangelium des Reiches
Ein Matthäus-Kommentar als Andachtsbuch
Hardcover ·478 S. · ISBN 978-3-945716-11-3 · 9,90 Euro
Spurgeons Markenzeichen bieten Erbauung für jeden Ta: Ehrfurcht vor jedem Wort aus dem Mund Gottes, gesunde tiefgründige Lehre, praktische Anwendung, schlichte Christuszentriertheit und geistliche Kraft.

Gloria Furman & Kathleen Nielson (Hrsg.)
Worterfüllter Dienst für Frauen
Wie du in der Gemeinde mitarbeiten kannst
Hardcover · 288 Seiten · ISBN 978-3-945716-55-7 · 19,90 Euro
Gemeindemitarbeit von Frauen ist mehr als Deko und Musik. Ihre Aufgabe ist zwar nicht das Predigen und Leiten, aber auch in ihrem Dienst steht das Wort Gottes im Mittelpunkt. Das zeigt dieses Buch von der Bibel her auf und ermutigt Frauen, Gottes Wort zu verbreiten.